# Woorden der Zaligheid

# Woorden Der Zaligheid

Een Verzameling Inspirerende Preken

## Dwight L. Moody

*Woorden Der Zaligheid*
First edition 1888.
*Cover Designer: J. Martin*
*Cover Background: Apostrophe/Shutterstock*

Aneko Press
www.anekopress.com
Aneko Press, Life Sentence Publishing,
and our logos are trademarks of
Life Sentence Publishing, Inc.
203 E. Birch Street
P.O. Box 652
Abbotsford, WI 54405
**RELIGION / Christian Living / Spiritual Growth**
Paperback ISBN: 978-1-62245-941-4
eBook ISBN: 978-1-62245-942-1
10  9  8  7  6  5  4  3  2  1
Available where books are sold

# Contents

Wat Zoekt Gij? .................................................................. 1

Nabij, Maar Niet Binnen. ............................................... 15

Verontschuldigingen. ..................................................... 21

Verontschuldigingen. ..................................................... 33

Gouden Gelegenheden Verloren. ................................. 41

Kind! Gedenk Dat Gij Uw Goed Ont Vangen Hebt
In Uw Leven. ............................................................. 47

Nooit Hopeloos. .............................................................. 57

De Fout Eens Konings. ................................................... 63

Iets Zeer Dierbaars. ........................................................ 71

Een Moeielijke Vraag. .................................................... 79

Bekeering En Herstelling. .............................................. 87

De Gebeden In Den Bijbel. ............................................ 93

De Wapenrusting Gods. ............................................... 101

# I.
# WAT ZOEKT GIJ?

"Zoekt eerst het koninkrijk Gods en zijne gerechtigheid en al deze dingen zullen u toegeworpen worden."
Matth. VI:33.

De mens wil zich zelven altijd tot God opwerken, maar God buigt zich tot den mens neder. Ik wens uwe aandacht te bepalen bij een vraag en een vermaning.

In de eerste plaats: "Wat zoekt gij?" Joh. 1:38. Dit zijn de eerste woorden van Jezus, die Johannes ons meldt. Andere Evangelisten melden andere woorden, maar dit zijn de eerste, die de geliefde discipel van den Zoon van God meldt. Johannes de Dooper zei, toen hij Christus van verre zag, tot twee van zijne discipelen, Petrus en Johannes:

"Zie, het Lam Gods."

Zodra zij deze roep hoorden, verlieten zij hun ouden meester en volgden Christus, en toen de Heer hen zag volgen, keerde Hij zich om en vroeg hen: "Wat zoekt gij?" Zij antwoordden Hem: "Rabbi! Waar woont Gij?" en Hij zei: "Komt en ziet." Zij gingen en zagen, en de ontmoeting maakte zulk een indruk op hen, dat zij Hem nooit verlieten. Toen Christus op aarde was zagen Hem alle standen, maar slechts in het vleesch. Velen zagen Hem zonder gezegend te worden. Zij zochten geen zegen. Sommigen zochten Hem, opdat zij zijne wonderen mochten zien. Zij wensten Hem den blinden het gezicht te zien teruggeven, of de melaatsen gereinigd. Enkel om Hem het een of ander wonder te zien doen volgden zij Hem. Anderen ondervroegen Hem gedurig, en op een dag wendde Hij zich tot hen, en beschuldigde hen dat zij Hem slechts volgden om de broden en de vissen.

Waarschijnlijk hadden zij gehoord hoe Hij vijfduizend mensen in de woestijn gespijzigd had, en dat er na het feest verscheidene korven vol waren overgebleven. Zij zouden dat brood gaarne proeven. Zij zouden gaarne weten hoe Hij het deed. Er was geen meel in de woestijn, en geen bakker om het te kneden, en toch waren de broden evenals zij gewoon lijk waren. Sommigen zochten Hem, omdat zij meenden dat Hij een tijdelijk koninkrijk ging oprichten, en zij dachten dat misschien zij er een ambt in mochten bekleedden. Zij wensten een positie, misschien in het Parlement, hetzij dat hun oogmerk was eerste minister te worden, of een andere aanzienlijke waardigheid.

Maar toen het hun bekend werd dat Jezus Christus een geestelijk koninkrijk ging oprichten, keerden zij zich van Hem af. Anderen gingen misschien mede om de menigte. Zij werden heen en weer gedreven als de wind. Wanneer de menigte riep, "Hosanna!" deden zij het ook, en wanneer er geschreeuwd werd "Weg met Hem, kruist Hem!" schreeuwden zij ook mede. Anderen schreeuwden weder met de menigte mede, niet omdat zij geloofden dat het rechtvaardig was, maar omdat zij bevreesd waren voor minachting. Er zijn heden ten dage vele mensen, die luid roepen "Weg met Hem" omdat zij bevreesd zijn geminacht te worden, of in de minderheid te zijn. Anderen zochten Hem om hetgeen Hij was, en niemand zocht Hem om hetgeen Hij was, zonder gezegend te worden. Niet een van hen, die Hem zochten, terwijl Hij op aarde was, is teleurgesteld. Hij was alles, wat Hij van zich zelven zeiden. Misschien ontdekten die discipelen elke dag van hunne omwandeling met Hem nieuwe dingen betreffende den Zoon van God. Als wij 1800 jaren zouden leven, zouden wij gedurig nieuwe dingen betreffende Hem ontdekken, zoals in de voorbijgegane 1800 jaren geschied is. Indien wij den bergtop der heerlijkheid bestijgen, zullen wij allen iets nieuws betreffende Christus en zijn koninkrijk leeren. Hij is een grootte en een kleine Zaligmaker, dat hangt af van uzelven. Indien gij wilt, kan Hij voor u worden wat Hij was voor hen, die Hem volgden: het ideaal van volmaaktheid. Er zijn mensen, van wie gij eens een zeer goede gedachte had; maar het een of ander gebrek heeft uw gevoelens omtrent hen geheel veranderd.

Gij eens een zeer goede gedachte hadt; maar het een of ander gebrek heeft uw gevoelens omtrent hen geheel veranderd. Gij zijt zeer in hen teleurgesteld. Maar niemand, die Christus hoorde, was in Hem teleurgesteld.

Vraag aan een man, die de laatste vijftig jaren nauw met Christus heeft omgegaan, of hij ooit in Hem is teleurgesteld geworden. Luister naar het heerlijke getuigenis van de liefde zijns Zaligmakers. Vraag die vrome moeder, die de laatste twintig jaren Christus in haar tehuis had, of Hij haar ooit heeft teleurgesteld. Luister naar haar antwoord, hoe Christus haar gezegend heeft. Ik zeg u, lieve vrienden, indien gij slechts ver trouwt op den levenden God, zal Hij u nooit teleurstellen, maar gij zult in tijd en eeuwigheid een zegen ontvangen. En nu vraag ik u, wat Christus die twee discipelen 1800 jaren geleden vroeg: "Wat zoekt gij?" Ik durf zeggen dat er evenveel redenen zijn, die u hier brachten, als die de menigte naar den Heer Jezus brachten. Ik weet zeer goed dat als sommigen uwer de waarheid zeiden, gij zou zeggen, dat gij niet hier zijt gekomen om den prediker, maar enkel om het zingen te horen, en dat gij nu gaarne de zaal zou verlaten, als niet 5000 mensen u konden zien heengaan. Ik hoop dat zij u tot een zegen mogen worden. Sommigen uwer zijn hier gekomen om een vriend of uwe vrouw genoegen te geven. Misschien beloofde gij uwe moeder hier te komen, en zult gij misschien nooit weder hier gezien worden.

Ik hoop dat gij gezegend zult worden, en heengaan zult met de verzekering van de liefde uws Zaligmakers. Een man kwam eens een vergadering binnen, omdat het zoo regende, en hij geen paraplu noch overjas bij zich had. De Heer vond hem, en hij had reden den regen van dien avond te zegenen. Er zijn misschien velen hier gekomen zonder zelfs een zegen te begeren. Ik herinner mij een man, die een grote zaal binnen ging, zonder de minste begeerte om het koninkrijk der hemelen binnen te gaan, en toen hij enige uren daarna de plaats verliet, was hij er op een zeer opmerkelijke wijze binnengegaan. Een vriend vertelde hem, dat het een merkwaardig gezicht was, 10000 ledige stoelen in een gebouw te zien, en hij besloot het even te gaan zien voordat de toegang voor het publiek geopend werd. Hij was dus de eerste aan de poort en wachtte de opening daar af. Toen de deur openging snelde hij naar binnen, en liep haastig het platform op. Hij had een goed gezicht op de ledige stoelen en op Christus ook, want de woorden van de preek schoten als pijlen in zijne ziel. Het kan zijn dat velen uwer hier gekomen zijn om zulke redenen, maar moge God ze grijpen vanavond. Misschien zijn er hier gekomen om de zakken hunner buren te rollen. Als dat zo is, moge God uwe hand dan tegenhouden, en u tot de kennis van het gevolg uwer zonden brengen. Ik ken een man, die met dat doel in een onzer vergaderingen kwam, en die met eeuwige rijk dommen heenging, schatten, die hem oneindig meer goed aanbrachten dan de nietige som, die hij zich voorstelde te stelen.

De grootste zondaar kan het eeuwig leven verkrijgen, hetwelk veel meer is dan wat deze wereld, die voorbijgaat, hem kan aanbieden. "Zoek den Heer, terwijl Hij te vinden is, roep Hem aan, terwijl Hij nabij is" (Jes. 55:6). Let nu op wat deze tekst zegt. Hij zegt niet: de kerk, of gevoel, of iets menselijks, maar: "zoek den Heer." Wanneer gij gelooft dat Hij nabij is, dan is het nu tijd om Hem aan te roepen, niet waar? Ik zei eens tot een man, dat ik den dag en het uur wist, waarop hij tot God bekeerd zou worden. Hij zei: "Ik wist niet dat gij een profeet waart." Ik antwoordde: "Dat ben ik ook niet, ook heb ik geen profeet in mijn familie. Mijn vader noch grootvader profeteerden, zover ik weet." "Hoe kunt gij dan zeggen, wanneer ik bekeerd zal worden?" zei hij. "Dat zal geschieden, wanneer gij met uw gehele hart op God vertrouwen zult" antwoordde ik. Indien gij God nu aanroept zal Hij u horen. Het is een ernstige gedachte, vrienden, om buiten de grenzen van Christus' koninkrijk te zijn. Gij kunt een les leren van mannen van zaken. Zij zoeken rijkdommen. Zij zijn in ernst, en velen weten slechts van opeenhoping van goud. Een tehuis en ogenschijnlijk geluk in deze wereld is door hen gewonnen, en dan beginnen zij rijkdommen op te zamelen, maar om ze spoedig achter te laten.

Wanneer de levensreis ten einde is moeten zij gaan. Zie de lieden der wereld, die gezondheid zoeken. Zij doen lange reizen om hunne dagen maar een weinig te verlengen. Zij zullen alles doen, om maar enige jaren langer te leven, en zouden al de rijkdommen, die zij bezitten, wel willen geven, om hun verloren gezondheid terug te krijgen. Dat is een les voor u. Het is hun grote ernst. En denkt gij niet, dat Jezus Christus het ernstig meende, toen Hij uit den schoot des Vaders in de nederige kribbe kwam. Hij werd niet geboren in een paleis, noch in een gouden wieg gelegd. Ik geloof dat de wereld zo mank gaat vanwege de ontrouw en de misleiding van de negentiende eeuw. Zie hoe de mensen der wereld hunne eer zoeken; hoe zij duizenden ponden besteden om zitting in het Parlement te krijgen, of om het een of ander ambt te bekleden, en hoe ijverig zij dag en nacht willen werken om het te winnen. Ik hoorde eens van iemand, die een zeer kostbaar juweel naar den juwelier bracht, om het opnieuw gezet te hebben, en de juwelier verloor het. Hij ontstelde hevig, want als het niet gevonden werd, zou een volslagen ondergang volgen. Om de waarde ervan aan den eigenaar te vergoeden zou hij al wat hij bezat moeten besteden. Zodra hij het miste zocht hij er dag en nacht naar, en toen hij het terugvond, verheugde hij zich met dankzegging.

Luister naar den stokbewaarder van Filippi. Wat moet ik doen om zalig te worden? Laat zulk een roep ernstig uit uw hart komen, en God zal u horen. God verhoorde 3000 zielen op een dag, en zij gingen het koninkrijk der hemelen binnen. Nu, terwijl gij gezond zijt, en de uwen om u heen opgroeien, is het tijd om het koninkrijk Gods binnen te gaan. Uitstel kon u van deze eeuwige poorten verdrijven. Ik sprak eens tot een man over het behoud zijner ziel. Hij stond bij een wijnhuis, en leunde tegen een der lantarens, met zijne handen in zijn zakken. Ik zei: "Zijt gij een Christen?" "Nee" antwoordde hij. "Zou gij een Christen willen worden?" Vroeg ik. Zeer onverschillig antwoordde hij: "Ik heb er niets tegen." Er zijn vele mensen zoals die man. Zij hebben geen ernstige bezwaren er tegen om Christen te worden. Maar, lieve vrienden, zo zult gij het koninkrijk niet binnenkomen. Indien gij wenst zalig te worden moet gij met uw gehele hart daarnaar zoeken. Een vijftig jaren geleden raakte een schip in brand, en toen de vlammen bijna het hol van het schip bereikt hadden, kwam er een reddingboot in het gezicht, en een deel van de verschrikte bemanning werd ingenomen.

Een tweede boot kwam en werd volgeladen, en toen zij op het punt was naar het strand terug te gaan, sprong een man van het brandende schip in het water.

Hij zwom naar de reddingboot en trachtte erin te komen; maar de mannen in die boot zeiden hem dat hij er niet in moest komen, omdat deze reeds te vol was en dan zinken zou, en zij allen vergaan. De arme man zwom voort en greep met zijn linkerhand de boot. Maar een man in de boot trok zijn zwaard en kapte de hand af. Het verlies van dit lid deed hem niet wankelen in het besluit, om zijn leven te redden, en met een vaste greep vatte hij de boot met de andere hand. Toen trok de man in de boot weder zijn zwaard en kapte ook de rechterhand af. Hoewel de arme man door bloedverlies en vermoeidheid langzaam zwakker werd, hield hij zich met de tanden aan de boot vast, en zoo trokken zij hem er eindelijk in en redden hem. Die man werd gered door zijn ernstige wil. Gij kunt het eeuwige leven ontvangen, indien gij het ernstig verlangt. Onderstel dat ik een man zag verdrinken en ik hem een touw toewierp. En die man, voordat hij het greep, verlangde te weten wie het gemaakt had, en waarvan het gemaakt was. Vele mensen willen eerst een menigte vragen beredeneren voor zij de zaligheid aannemen. Gelooft gij dat de Heer Jezus hier vanavond is? Roep Hem dan nu aan Het Woord zegt: "Zoek den Heer, terwijl Hij te vinden is." Sluit dat niet in, dat er een tijd zal komen, dat Hij niet te vinden is?

Zoek eerst het koninkrijk Gods. Christus biedt de zaligheid aan en geeft tegelijk kracht om haar aan te nemen. De kracht is er, maar men wil haar niet altoos bezitten. Toen Judas de dertig stukken zilver neerwierp, de prijs van zijn verraad, was zijn tijd voorbij. Die vijf dwaze maagden riepen den Heer, maar zij werden teleurgesteld. Denk aan de woorden: "Zoek den Heer, terwijl Hij te vinden is. Roep Hem aan, terwijl Hij nabij is." Sommige mensen denken dat er maar tien geboden zijn. Luistert. Zoekt eerst het koninkrijk Gods en zijne gerechtigheid, en al deze dingen zullen u toegeworpen worden." Alle dingen. Welke dingen? Tijdelijke dingen. Gij weet, tijdelijke dingen zijn niets in vergelijking van geestelijke dingen. Luistert nu. "Zoekt eerst," en ik geloof dat het woord "eerst" letterlijk betekent wat het zegt. Voor gij naar bed gaat, voor gij naar huis gaat, voor gij dit gebouw verlaat. Zult gij een beledigende boodschap terugzenden, en zeggen: "Ik wil niet eerst het koninkrijk Gods zoeken." Gij zijt vrij, en kunt het doen of laten. Merkt op hoe de mens achterstelt wat God op den voorgrond plaatst. De mens zegt: eerst rijkdom en positie. God zegt: zoek mijn koninkrijk eerst. Wilt gij dat bevel gehoorzamen? Onderstelt eens dat, terwijl ik aan het spreken was, en man die deur daar tegenover mij zou opengaan, en de wijze man Salomo binnentrad.

Welk een opschudding zou dat geven. Onderstelt dat hij hier op het platform kwam, en mij verlof vroeg de vergadering toe te spreken, zou gij niet begerig zijn hem te horen? Ik hoor hem in mijne verbeelding van dit platform roepen, en den echo weergalmen: wat uwe hand vindt te doen, doet dat met al uwe macht. Onderstelt dat de deur weder zou opengaan een ander-man binnenkwam, men zou fluisteren: "De van Karmel is weder op de aarde gekomen," en zou gij uwe halzen niet uitstrekken om den vuurprofeet te zien? Hier verschijnt hij zoals op den berg der verheerlijking, en van dit platform roept hij: "Hoelang hinkt gij op twee gedachten? Indien de Heer God is, volgt Hem na, en zoo het Baäl is volgt hem." Ik durf zeggen dat ge reeds vele keren in uw leven gezegd hebt: "Nu," en Satan toen zei: "morgen;" hij wist dat "morgen" nooit komt. Gij weet toen de vorsen in Farao's slaapkamer kwamen, en hij haastig naar Mozes zond, zeggende: "Smeek den Heer dat Hij de vorsen van mij en mijn volk wegnemen," Mozes tot hem kwam en hem vroeg, wanneer hij wenste dat de vorsen weggenomen zouden worden, en hij antwoordde: "morgen." Hij wilde de vorsen nog een nacht houden. Gij lacht, maar gij gelijkt op den koning van Egypte en de vorsen. Gij roept luide: "God, red mij, maar niet nu." Ik zou gaarne naar den hemel gaan, maar ik zou liever voortgaan met de zonde.

Moge God u doen zien dat "morgen" nooit komt. Ondersteld dat Paulus hierbinnen kwam, ik zou spoedig gaan zitten om den goeden tentenmaker van Tarsis een woord tot u te laten spreken. Wat zou hij zeggen? Ik waag te zeggen dat hij zou uitroepen: "Nu is het de wel aangename tijd, nu is het de dag der zaligheid." Dit is de tijd, en niet de volgende week. Moge God u helpen om intijds gered te worden. Ware het niet nu, dan zou Jezus niet in zijne Bergrede gezegd hebben: "Zoekt eerst het koninkrijk Gods en zijne gerechtigheid, en al deze dingen zullen u toegeworpen worden." Als ik slechts een getrouwe voorstelling kon geven van wat het koninkrijk der hemelen is, zou ik de wereld rondgaan om het te vertellen. Wat is dit korte leven in vergelijking met de eeuwigheid? Ziet de pijn en ellende en de smart dezer wereld. Geen stad, geen dorp, geen vlek zonder kerkhof. Er is geen familiekring, waar niet een lid gemist wordt. Gij ziet de lijkkoets gestadig door de straten gaan. Op het kerkhof ziet gij dagelijks nieuw gedolven graven. Gaat de huizen binnen en ziet de ziekten en kwalen binnen die muren en de smarten en beproevingen, die de bewoners hebben te dragen. Lieve vrienden, het is eeuwig leven, wilt gij het niet hebben? Als ik u vertelde, dat ik een kostbare diamant verloren had, en dat ik 10000 pond sterling zou geven aan den persoon, die hem binnen vier en twintig uur aan mij terugbracht, zou niemand u kunnen terughouden van op dit platform te komen, begerig om den verloren diamant te vinden.

Gij zou over de stoelen en banken heen klimmen, en zou ijverig zoeken. Om uwe vrouw zou gij niet denken. Gij, die met armoede worstelt, weet zeer wel, dat gij uwe vrouw den gehelen nacht zou laten wachten, als er kans was om 10000 pond sterling te krijgen, nietwaar? Maar ik durf zeggen, dat het eeuwige leven, dat meer dan tweemaal tienduizend pond waard is, niet zoo vurig gezocht wordt. Laat mij u nogmaals dringen, nu het koninkrijk te zoeken. Satan verlangt dat gij weigert, maar hij is uw dodelijkste vijand. Zij, die u tot God wensen te brengen, zijn uw beste, naaste en liefste vrienden. Ik vermaan u nog eens: "Zoekt eerst het koninkrijk Gods en zijne gerechtigheid, en al deze dingen zullen u toegeworpen worden." Moeders tekst vergeten. Vele jaren geleden, toen ik nog niet wedergeboren was, werkte ik met een man, die een vrome moeder had, en die zijn tehuis jong verlaten had, om voor zich zelven iets te verdienen. Bij het verlaten van het ouderlijk dak, gaf zijne moeder hem een Bijbel, waarin de woorden: "Zoekt eerst het koninkrijk Gods en zijne gerechtigheid, en al deze dingen zullen u toegeworpen worden," duidelijk onderstreept waren. Ik zag hem eens bitter wenen, en op mijne vraag, waarom hij zoo droevig was, vertelde hij mij ene omstandigheid uit zijn leven, die ik nimmer vergeten zal.

Hij was eerzuchtig en sloeg geen acht op den tekst zijner moeder. Hij ging naar een stad om werk te zoeken; den eersten Zondag ging hij naar de kerk, en de leraar preekte over de woorden: "Zoekt eerst het koninkrijk Gods en zijne gerechtigheid en al deze dingen zullen u toegeworpen worden." De Heilige Geest kreeg vat op hem, en begon met hem te redeneren; maar het was te vergeefs, want hij had bij zich zelven besloten, om het bevel op dat uur niet te gehoorzamen. Spoedig had hij geen werk meer, en reisde hij naar een andere stad. Ook daar ging hij den eersten Zondag naar de kerk, en vreemd genoeg, de leraar preekte over dezelfde tekst. Weder streed de Geest met hem, en Satan zei: "Eerst moet u vestigen in het leven." Na enigen tijd ging hij weder naar een andere stad, en hoorde ook daar over die woorden prediken. Hij kon den indruk niet van zich afschudden, en nadat hij gevestigd was in het leven, kwam hij tot het besluit, dat deze preek, die hij gehoord had, geen indruk op hem gemaakt had. Zijn hart was zoo hard als een molensteen. Een jaar nadat hij mij dit verteld had, ging ik terug naar mijne geboorteplaats, en besloot den man op te zoeken, en hem Christus te verkondigen. Ik vroeg mijne moeder of hij nog leefde, en zij ver telde mij dat hij krankzinnig was. God had zijn verstand weggenomen, maar de tekst was er nog.

Aan eenieder, die hem kwam bezoeken, zei hij: "Zoekt eerst het koninkrijk Gods en zijne gerechtigheid, en al deze dingen zullen u toegeworpen worden." "Tenzij een mens wedergeboren worde, kan hij het koninkrijk Gods niet zien." Gij moogt duizenden dingen in deze wereld zien, al de grote steden in deze wereld, maar tenzij gij gered wordt zult gij die een stad met poorten van paarlen, wier maker God is, niet zien. Gij moogt een koninklijken troon zien in al zijne heerlijkheid, maar tenzij gij wedergeboren wordt zal uw oog dien groten witten troon, waarop het Lam zit, dat geslacht is, niet zien, tenzij gij gewassen zijt in zijn bloed. Gij zult vele mooie rivieren zien in deze wereld; maar er is een rivier, die uit den troon van God vloeit, die uw oog niet zal zien, noch zult gij wandelen aan de oevers van dien kristallen stroom, tenzij uwe klederen witgewassen zijn in het bloed van het Lam. Gij moogt den Atlantische Oceaan overgaan naar Amerika, en de bomen gaan zien, die daar reeds eeuwenlang staan, maar is er een boom, dien gij nooit zult zien, tenzij gij gered zijt – den boom, die in het midden van het Paradijs is, wier bladeren zijn tot genezing der Heidenen. Gij moogt de vorsten der aarde zien, maar den Vorst der heerlijkheid zult gij nimmer zien, behalve wanneer Hij komt om de wereld te oordelen met een ijzeren roede in zijne hand. Gij moogt de koningen der aarde in al hun luister zien; maar den Koning der heerlijkheid zult gij nimmer in zijne heerlijkheid aanschouwen, tenzij gij gered zijt.

## II.
## NABIJ, MAAR NIET BINNEN.

Men Toen de Heer op aarde was kwamen de Farizeeën eens tot Hem met een vraag, Hem verzoekende, of Hij misschien iets van de wet zou zeggen, opdat zij Hem konden stenigen. Hij antwoordde hun zoo wijs, dat zij niets te zeggen hadden. Toen kwamen de Sadduceeën, die niet in de opstanding der doden geloofden; zij kwa en Hij antwoordde hun zoo, dat zij stil bleven. En een zeker Schriftgeleerde, die het alles aangehoord had, kwam op den Heer af, en vroeg: "Meester, welk is het grootste gebod?" De Heer antwoordde hem daarop: "Gij zult den Heer uwen God liefhebben met geheel uw hart, met geheel uwe ziel en met geheel uw verstand; en het tweede daaraan gelijk is: Gij zult uwen naaste liefhebben als u zelven." De schrift geleerde antwoordde toen: "Gij hebt wel gezegd;" en van toen afvroeg niemand Hem meer. Toen de schriften leerde den Heer zo antwoordde, zei Hij: Gij zijt niet ver van het koninkrijk.

Hij was zeer dicht nabij het koninkrijk gekomen Hij

behoorde tot die klas, waarmede Christus de meeste moeilijkheid had, toen Hij op aarde was, omdat zij op gingen in hun eigengerechtigheid en het zeer wel konden stellen zonder de gerechtigheid van Christus. Zij hadden geen zaligmaker nodig; en deze man was een van hen. Maar Christus was een profeet. Hij kon in het hart lezen, en Hij zag dat deze man niet ver van het koninkrijk Gods was. Ik vrees dat wanneer de Meester dit niet gezegd had, wij den man zeer ver verwijderd van het koninkrijk Gods zouden geplaatst hebben. Als wij in Jeruzalem geweest waren, en gezien hadden met de ogen der Farizeeën en met hen een waren geweest, in plaats van met den Meester, zouden wij gezegd hebben dat al deze mannen, die den godsdienst beleden, nabij het koninkrijk Gods waren. Mijne ondervinding is echter dat er met een man, die slechts vertrouwt op uiterlijkheden van den godsdienst, vertrouwen stelt in zijne belijdenis, vertrouwen stelt in zijne kerk, in plaats van in een verrezen Christus, een persoonlijke Christus, zeer moeilijk te spreken is. Zodra men over een persoonlijke Christus begint verbergt hij zich achter zijne geloofsbelijdenis. Ik onderstel dat als gij en ik in Jeruzalem waren geweest, en tot de Farizeeën hadden behoord, en die twee mannen in den tempel hadden zien opgaan, wij gezegd zouden hebben, dat de Farizeeër reeds binnen het koninkrijk Gods, en dat de tollenaar er ver van af was, maar in waarheid was de Farizeeër erbuiten.

Hij had niet het flauwste begrip van het koninkrijk der genade; hij kende zelfs niet eens het A. B. C. van Gods alfabet. Den armen tollenaar zouden wij geoordeeld hebben ver van het koninkrijk Gods, in plaats van op den drempel. Terwijl de Farizeeër er zich op beroemde en zich zelven prees voor al wat hij deed: hoe hij een tiende van al zijn inkomen gaf aan den dienst van God, hoe hij tweemaal per week vastte, en op pochende toon voortging, trad de tollenaar het koninkrijk Gods binnen en ging gerechtvaardigd naar zijn huis. De Meester zei gedurig tot de Farizeën, dat tollenaars en hoeren hen daar zouden voorgaan. Waarom? Omdat zij vertrouw den op hun eigen werken, op hun eigengerechtigheid; terwijl de tollenaars en hoeren zich bekeerden en zich haastten het koninkrijk Gods binnen te gaan. In Matth. 21:43 zegt de Heer tot hen: "Daarom zeg Ik u lieden, dat het koninkrijk Gods van u zal weggenomen worden, en een volk gegeven, dat zijne vruchten voortbrengt." Omdat zij het koninkrijk verwierpen, werd het van hen genomen en aan anderen gegeven. Nu wens ik dit op den tegenwoordige tijd toe te passen. Ik geloof dat het koninkrijk Gods zeer nabij vele mensen komt heden avond. Ik geloof dat de Koning zelf voorbijgaat; dat Hij aan de deur van elk huis staat, dat Hij verlangt zijn koninkrijk op te eisen, en dat als gij er binnenkomt, Hij verlangt dat gij er met Hem zelven binnengaat. Maar zeer vele mensen keren Christus den rug toe, en de tijd komt, dat tot u gezegd zal worden: "Uw huis is u woest gelaten." Waarom? Omdat het koninkrijk Gods u aangeboden, u opgedrongen werd, en gij weigerde het binnen te gaan; omdat gij weigerde het offer der zaligheid, het offer der genade aan te nemen.

Enige dagen geleden werd mijne aandacht gevestigd op een plaats in den bijbel, die ik niet wist dat daar was. Ik had haar dikwijls gelezen, maar overzien. Zij stelt velen uit den tegenwoordige tijd voor. Enige mannen kwamen nabij het koninkrijk; men zou kunnen zeggen, op den drempel, en toch gingen zij niet binnen, omdat zij een stap te weinig namen. Daar is de bloeddorstige Herodes, de man, die Johannes den Doper het leven benam; de man voor wie Christus gebracht werd, en wiens krijgslieden Hem bespotten, blinddoekten, in het aangezicht sloegen en zeiden: "Profeteer wie u geslagen heeft?" Het is nog maar sinds weinige dagen dat ik weet, dat deze man nabij het koninkrijk Gods was bijna gered, maar verloren! In het zesde hoofdstuk van Markus, het twintigste vers, lezen wij: "Want Herodes vreesde Jo hannes, wetende, dat hij een rechtvaardig en heilig man was, en hield hem in waarde; en als hij hem hoorde, deed hij vele dingen, en hoorde hem gaarne." Schijnt dat niet alsof Herodes zeer nabij het koninkrijk kwam? "Hij deed vele dingen, en hoorde hem gaarne." Waarschijnlijk zeiden Johannes en zijne discipelen: "er is veel hoop voor hem." Hij kwam zeer nabij, en zij dachten dat hij erbinnen zou komen.

Misschien werd Herodes wel gezien aan de oevers der Jordaan onder hen, die naar den prediker luisterden, en brandden de woorden, als zij van Johannes lippen vielen, in zijn hart, in zijn geweten. "En hij deed vele dingen," staat er, "en hoorde hem gaarne." Misschien waren er wel aan het hof van Hero des, die zeiden: "Dien prediker moet gij gaan horen, iets dergelijks hebben wij nimmer gehoord, de Geest Gods is op hem." En misschien nodigde Herodes Johannes wel in zijn paleis. Maar er is een ding - hoewel hij den prediker gaarne hoorde en van zijne prediking hield - en gij zult nu dikwijls mensen vinden gelijk Herodes. Zij willen iemand gaarne enige weken, zelfs enige maanden horen, en dan voegen zij zich bij de wereld, en zeggen: "Weg met hem, wij willen hem niet, wij houden niet van dat soort van prediken." Wat scheelt er aan? Omdat de prediker in zijne getrouwheid den vinger gelegd heeft op wat de wond plek is. Gij weet dat wanneer iemand een arm heeft gebroken, de dokter komt, den arm bevoelt en vraagt: "doet dat pijn?" "Nee.". Even daarna raakt hij de gebroken plaats aan en dan is er een roep: "0, dat doet pijn!" En zoo was het met Herodes; toen Johannes zijne lievelingszonde aanraakte, hinderde het hem. Hij deed vele dingen. Hij was gewillig deze en gene zonde af te leggen; hij was gewillig zich van dit en dat af te wenden; maar hij was geketend aan een lievelingszonde. Het was hem niet geoorloofd met zijns broeders vrouw te leven; en Johannes - dank God voor zulk een prediker – had den zedelijke moed hem te waarschuwen.

Hij was een van den hemel gezonden bode. God had hem gezonden, en hij deed zijne boodschap zoals God haar hem gaf. Ongetwijfeld wist Johannes wat het hem zou kosten. Dezelfde man toch, die hem gaarne hoorde, en vele dingen deed, zei tot zijne officieren: "neemt dien man gevangen;" en algemeen vermoedt men, dat Johannes twaalf à achttien lange maanden is gevangen gehouden; en gedurende al die maanden toonde Herodes geen teken van berouw. De man, die hem gaarne hoorde, die als het ware tot op den drempel van het koninkrijk Gods kwam, maar er niet binnenkwam, wordt nu de gruwelijkste vervolger van een der grootste mannen, die deze aarde betrad. Christus zegt van hem, dat er geen groter was uit een vrouw geboren. Hij was gekomen om de boodschap te brengen ' en den Koning der heerlijkheid in te leiden. En dat Johannes zoo groot was kwam, mijns inziens, daardoor, dat hij zoo dicht bij Christus stond. Hij stond dichter bij Christus dan de overige profeten; zoo dichtbij, dat hij Hem inleidde; en Herodes, die bloeddorstige man, liet hem onthoofden. Ik geloof dat wanneer gij tot Herodes gezegd hadt, toen hij onder Johannes prediking zat en hem gaarne hoorde, en vele dingen deed – wanneer gij gezegd hadt: "Herodes, weet gij dat gij dien man zult laten onthoofden?" hij gezegd zou hebben: "Ben ik dan een hond, dat ik zulk een wreed ding zou doen?" Hem onthoofden! Een der edelste mannen, die de wereld ooit gezien heeft! Ik schuldig aan zulk een valse daad!

En toch deed hij het. Een man kan zeer nabij het koninkrijk Gods komen en het toch missen; een man kan zeer nabij de zaligheid komen en haar toch missen, en veel erger worden dan tevoren. Wie weet of hier niet iemand is, die niet ver van het koninkrijk Gods is, en die den Koning den rug zal toekeren en een der grootste vervolgers van het Christendom worden. Hij moge mij gaarne horen, hij moge vele leraars gaarne hooren, maar als er geen algehele omkering is – als hij geen boezemzonde, geen afgod opgeeft - als het werk niet diep en krachtig is, en de ijzeren ploeg der overtuiging hem niet diep door de ziel gaat, zal het niet duren. Al moogt gij nu gaarne horen, en al moogt gij vele dingen doen, binnen weinig tijds zult gij uwe stem verheffen tegen dit werk en tegen ieder goed werk, en zult gij u voegen bij hen, die den Zoon van God vervolgen. Geef iedere zonde op. Kon tot Christus om een nieuw hart. Zoek de hulp van God ieder uur van uw leven, dan zult gij weten wat het is niet alleen nabij, maar werkelijk binnen het koninkrijk Gods voor eeuwig veilig en gezegend te zijn.

## III.

## VERONTSCHULDIGINGEN.

"En zij begonnen allen eendrachtelijk zich te ontschuldigen.
De eerste zei tot hem: Ik heb een akker gekocht, en het is nodig, dat ik uitga, en hem bezie; ik bid u, houd mij voor verontschuldigd. En een ander zei: Ik heb vijf jukossen gekocht, en ik ga heen om die te beproeven; ik bid u, houd mij voor verontschuldigd. En een ander zei: Ik heb een vrouw getrouwd, en daarom kan ik niet komen."
Niet zodra begint iemand het Evangelie te prediken, of mannen en vrouwen beginnen zich te verontschuldigen. Het is de oude geschiedenis. Er is hier geen onbekeerd mens, die niet een verontschuldiging heeft. Als ik aan een ieder uwer vroeg, waarom gij Gods uitnodiging niet aanneemt, zou gij een antwoord op de punt uwer tong gereed hebben; en indien gij er geen gereed hadt, zou de duivel u wel helpen er een te maken. En als die konden beantwoord worden zou hij nieuwe maken. Hij heeft zes duizend jaren ondervinding en is er zeer knap in; hij zou er u zovelen geven als gij wilt om naar

Weet gij den oorsprong der verontschuldiging?

Dien vindt gij in Eden. Toen Adam gezondigd had, beproefde hij zich te verontschuldigen. "De vrouw, die Gij mij gegeven hebt heeft mij van dien boom gegeven, en ik heb gegeten." Hij trachtte de schuld op God te werpen; Eva trachtte haar op de slang te leggen; en tot op den tegenwoordige tijd beginnen mannen en vrouwen zich eendrachtelijk te verontschuldigen. Herinner u dat deze mannen, waarvan Lukas ons vertelt, niet voor een begrafenis waren genodigd, of om een droge, dorre lezing bij te wonen; zij waren niet genodigd om een gasthuis, of een gevangenis, of een krankzinnigengesticht te bezoeken; om de een of andere vreselijke doodstraf bij te wonen, iets, dat hun pijn zou gedaan hebben. Het was een feest te gaan. Het Evangelie wordt in den Bijbel voorgesteld als een feest. Aan den avond van deze bedeling zal het bruiloftmaal van Gods Zoon plaatshebben. Zalig is hij, die deel zal hebben aan het avondmaal van de bruiloft des Lams. Indien ik mijn eigen hart ken, zou ik liever nu mijn hart uit mijn lijf gescheurd hebben, en op dien heerlijken dag tegenwoordig zijn, dan de rijkdommen dezer wereld aan mijne voeten te zien, en dat bruiloftsfeest van het Lam te missen. Niet alleen was dit een feest, maar het was een koninklijk feest. Indien gij een uitnodiging ontving om een feest op het paleis te komen bijwonen, zou niemand uwer gemist worden. Ook zou gij gaarne willen dat het in de couranten kwam, om te tonen hoe veel eer u was aangedaan. Maar hier is iets, dat veel meer waard is. Hier is een uitnodiging van den Koning der koningen, van den Heer der Heeren, van Gods enige Zoon.

## VERONTSCHULDIGINGEN.

Spoedig zal Hij zijne Bruid tot zich nemen. Het bruiloftsmaal van het Lam nadert. Hij is heengegaan om nieuwe woningen te bereiden voor zijne Bruid. En voor dit feest breng ik u een uitnodiging. De uitnodigingen worden nu naar alle hoeken der aarde uitgezonden. Er is niemand hier, die niet genodigd is. Achttien honderd jaren hebben Gods boden bergen en dalen, zeeën en woestijnen doorgekruist, van het een einde der aarde tot het andere, vrouwen tot het feest te nodigen. Welk een eer voor wormen uit het stof! Wanneer een mens een feest bereidt loopt men hard om de beste plaats te erlangen. Maar God bereidt zijn feest, en de stoelen zouden allen ledig zijn als zijne discipelen niet uitgingen en de mensen dwongen om in te komen. En, wanneer de mens een feest bereidt, nodigt hij zijne vrienden, hen, die hem liefhebben; maar God nodigt zijn bitterste vijanden, zij, die in opstand tegen Hem zijn. En toch verontschuldigen de mensen zich. Niet zodra is de uitnodiging door God gedaan, of het regent verontschuldigingen. Hebt gij u ooit den tijd gegund om er over na te denken wat er zou gebeuren, indien God eenieder, die een verontschuldiging maakt, daarnaar behandelde? Indien Hij zou zeggen: "Ja, indien gij verontschuldigd wilt zijn van tot dit feest te komen, zal Ik u verontschuldigen," en Hij hen allen van de aarde verdelgde? Onderstelt dat eenieder in het land, die zich verontschuldigde, morgen in de armen van den doodlag, hoeveel winkels zouden er gesloten zijn; hoeveel huizen zouden vervuld zijn met rouw.

Geen drankverkoper zou zijn handel voort kunnen zetten, want een iegelijk hunner wil verontschuldigd worden. Hij weet dat wanneer hij deze uitnodiging aanneemt, hij zijn hels bedrijf moet staken. Hij kan niet voortgaan met zovele kinderen vaderloos te maken, met het brood uit den mond van de weduwe en den wees te nemen, en tegelijk op weg zijn naar het bruiloftsmaal van het Lam. Ieder drankverkoper en ieder dronkaard heeft een verontschuldiging. En als God hen verontschuldigde en hen met een slag van de aarde nam, zou er geen dronk aard meer door de straten lopen waggelen. Er zouden geen hoeren of dieven meer zijn, want zij weten dat wanneer zij tegenwoordig wensen te zijn aan het brui loftsmaal van het Lam, zij hunne zonden moeten ver zaken. En menigeen der rijke kooplieden zou er niet meer zijn. Zij willen de uitnodiging niet aannemen, omdat zij menen dan niet zoveel geld te kunnen maken. Zij hebben bezigheden, die dan moeten ophouden, en zij beginnen eendrachtelijk zich te verontschuldigen. Vrienden, het zou een ernstige zaak zijn, indien God den mensen deed naar hun woord. Het gras zou spoedig in de straten groeien, en de levenden zouden maar werk hebben om de doden te begraven. Weest oprecht met God. God meent wat Hij zegt. Indien gij niet aan het avondmaal deel wilt nemen, waarom het niet gezegd? Waarom verontschuldigingen gemaakt? Het zijn niets dan leugens. Is er iemand hier, die een geldige verontschuldiging kan opnoemen - zo ja, vertel ons wat die is – waarom gij de uitnodiging niet aanneemt? Denk een ogenblik na. Welke goede reden hebt gij?

Geen enkele. Het is maar zelden, dat wij een uitnodiging voor een koninklijk feest krijgen, maar hier komt een uitnodiging, om tegenwoordig te zijn aan het bruiloftsmaal van Gods Zoon. Is het niet een grote dwaasheid om dit te weigeren? Denk eens even na wat gij weigert, waarvan gij verlangt verontschuldigd te zijn? Van den hemel, van het gezelschap der reine, van hen, die hunne klederen gewassen hebben in het bloed van het Lam. De mens verlangt verontschuldigd te zijn van de woningen, die Christus bereid heeft, van het gezelschap der engelen, van God den Vader, en Christus den Zoon, en den Heiligen Geest. Gij spreekt van grote mannen, maar ik zeg u dat de besten, die de aarde ge dragen heeft daar zijn, en de besten, die ooit geleefd hebben, op dat feest zullen vergaderen. Ja, wij zullen aanzitten met de patriarchen en profeten, en apostelen en martelaren. Ik zou liever alles ter wereld willen missen dan het avondmaal van de bruiloft des Lams; welk een gezegend voorrecht zal het zijn den Koning in zijne schoonheid te zien, voor altijd met den Heer te zijn. De mannen, van welke hier sprake is, wilden niet naar het feest gaan, en maakten daarom verontschuldigingen, die, als men ze goed beziet, volstrekt niets waard waren. Achttienhonderd jaren zijn voorbijgaan, en men zegt dat de wereld wijzer is geworden, men zegt dat zij zeer is vooruitgegaan. Maar zeg mij, hebben de mensen betere verontschuldigingen? Hebt gij betere verontschuldigingen? Verontschuldigingen, die het licht der eeuwigheid kunnen doorstaan? Verontschuldigingen, die u zelven bevredigen? Laat iemand maar door een vreselijke ziekte worden aangetast, en de dood voor ogen hebben, dan verdwijnen al zijne verontschuldigingen in een ogenblik.

Vrienden, uwe verontschuldigingen zullen er geheel anders uitzien wanneer gij voor de grote rechtbank van uwen Rechter komt te staan. Ik wil enige der meest gebruikte verontschuldigingen van den tegenwoordige tijd met u nagaan. Er is er een, die zeer algemeen is. "Ik houd niet van dien of dien leraar." Maar wat heeft er dat mede te maken? Wat hebt gij met den boodschapper te doen? Onderstel dat een jongen mij een tijding van mijne vrouw brengt. Ik kijk niet eerst wie de brenger is. Hij moge wit of zwart zijn, dat is mij hetzelfde. Het is de boodschap, waar ik om geef. Is het niet een feit, dat God u tot een feest nodigt? Waarom ziet gij op den boodschapper? Ik heb deze verontschuldiging tot vermoeienis toe gehoord: "Ik houd niet van dien persoon of dien prediker." De boodschapper doet er niets toe. De vraag is: zijt gij gewillig de boodschap van God te ontvangen? Gelooft gij het Woord van God waar te zijn, en dat God u tot dit feest nodigt? Gelooft gij dat deze uitnodiging aan "alle creaturen" in deze wereld is? Als de boodschap van God is, waarom neemt gij haar dan niet aan? Indien gij wacht totdat de een of andere volmaakte man of vrouw u de boodschap brengt, dan zult gij haar nooit aannemen. Eens een volmaakt Man. Gij zult vele ge breken in ons karakter vinden, vele dingen, die u in volgers van Christus zullen mishagen, maar ik daag u uit, om een gebrek in het karakter van onzen Meester te vinden. Hij nodigt u te komen. En wie maar de uitnodiging aanneemt, dien ontvangt Hij. Er was maar een andere verontschuldiging.

Nog slechts een paar avonden geleden kwam er een dame tot mij, die zei: "Er zijn zovele dingen in den Bijbel, die ik niet verstaan kan." Ongetwijfeld, God zegt, de natuurlijke mens kan de geestelijke dingen niet verstaan, en de Bijbel is een geestelijk boek. Hoe kan het onwedergeboren hart den Bijbel verstaan? Maar, zegt gij, als het een verzegeld Boek is, hoe zal ik dan gered worden? Wel, wanneer God de wereld de zaligheid aanbiedt, doet Hij dit zeer duidelijk. Het Woord van God moge voor den natuurlijke mens verduisterd zijn, maar de weg der zaligheid is zoo eenvoudig geschreven; dat het kleine kind van zes jaren oud het kan verstaan. Neem bijv deze woorden, en zie of gij ze niet verstaat: "En de Geest en de bruid zeggen: Kom! En die het hoort zegge: Kom! En die dorst heeft kome." Zijn niet velen u dorstig? God zegt: Kom! "En die wil, neme het water des levens om niet." Gij weet toch wat het is een gift te nemen. God zet de zaligheid als een gift voor u. "Hij kwam tot de zijnen, en de zijnen namen Hem niet aan, maar zovelen Hem aannamen, heeft Hij macht gegeven kinderen Gods te worden." Kunt gij dat verstaan: "Geloof in den Heer Jezus Christus en gij zult zalig worden." Weet gij wat het is te geloven? Op alle manieren weet gij wat het zegt te vertrouwen. Uwe ziel aan den Heer Jezus te bevelen, dat is alles. Er zijn duistere en verborgen dingen in den Bijbel, maar wanneer gij begint Christus te vertrouwen, zullen uwe ogen geopend worden, en zal de Bijbel een nieuw boek voor u worden. Vele dingen, die vandaag duister en verborgen zijn, zullen morgen een nieuwe schoonheid hebben.

Vandaag moge Christus een wortel uit een dorre aarde zijn, zonder gedaante of heerlijkheid; maar Hij zal de overste over tienduizenden voor u worden, de morgenster. Indien gij Hem als uw Zaligmaker aanneemt, dan zult gij den Bijbel verstaan. Geen boek ter wereld is zoo verkeerd beoordeeld als de Bijbel. De mensen oordelen hem zonder hem te lezen, of misschien lezen zij hier een weinig en daar een weinig, en sluiten hem dan, zeggende: "het is zo duister en verborgen." Gij neemt een boek en leest het. Iemand vraagt u wat gij er van denkt. "O, zegt ge, ik heb het maar eens doorgelezen en niet zeer zorgvuldig, ik zou niet gaarne een oordeel over vellen." En de mensen nemen Gods boek, lezen er enige bladzijden van en veroordelen het geheel. Van al de godloochenaars en ongelovigen, die ik ontmoet heb, was er geen enkele, die den Bijbel geheel doorgelezen had. Er mogen zulke mannen zijn, maar ik heb ze nooit ontmoet. Het is eenvoudig een verontschuldiging. Niemand zal voor God staan en zeggen dat dit hem buiten het koninkrijk hield. Het is het werk van den duivel, die ons tracht wijs te maken dat het Woord niet waar en dat het duister is. De enige manier om den grote vijand der zielen te overwinnen, is door het geschreven Woord van God. Hij weet dat, en tracht de mensen over te halen het niet te geloven. Zoo spoedig een man een getrouw gelovige van Gods Woord is, is hij een over winnaar over Satan. Jonge man! de Bijbel is waar. Wat kunnen de ongelovigen er u voor in de plaats geven?

Wat anders heeft Engeland gemaakt wat het is, dan de Bijbel? Iedere natie, die het Woord van God verhoogt, wordt verhoogd, en iedere natie, die het ternederwerpt, wordt ternedergeworpen. O, laat ons ons aan den Bijbel vasthouden. Natuurlijk zullen wij hem niet opeens geheel verstaan. Maar de mensen mogen hem daarom niet veroordelen. Onderstel dat ik mijn kleinen jongen van vijf jaren morgenochtend naar school zond, en ik des middags, wanneer hij tehuis kwam, zei: "Willie, kunt gij lezen, kunt gij schrijven? Begrijpt gij alles van algebra, meetkunde, het Hebreeuws, Grieks en Latijn?" «Hé papa," zou de kleine jongen zeggen, "hoe vreemd praat ge, ik ben den gehele dag bezig geweest met het leren van het A. B. C." En ik antwoordde dan: "Nu indien uwe opvoeding nog niet voltooid is, behoeft gij niet meer naar school te gaan." Wat zou gij daarvan zeggen? En ik zou dan toch juist zoo spreken als de mensen over den Bijbel spreken. Vrienden, mannen, die den Bijbel vijftig jaren bestudeerd hebben – wijze mannen, godgeleerden zijn nooit tot zijne diepten doorgedrongen. Er zijn waarheden in, die de Kerk van God achttienhonderd jaren onderzocht heeft, maar niemand heeft nog de diepte van dien altijd levenden stroom gepeild. Er zijn ook mensen, die zeggen: "Dat is mijne moeilijkheid niet. Ik geloof het Woord van God. Maar ik heb de wereld zoo lief, en als ik een Christen word zal ik al het genoegen moeten opgeven en met een lang gezicht door de wereld moeten gaan. Ik zal nooit weer vreugde hebben." Maar ik zeg u, dat er nooit groter leugen bedacht is. De duivel begon er mede in Eden, maar er is geen woord van waar; het is een schimp op het Christendom.

Het maakt een mens niet somber dat hij een kind van God wordt. Zie, daar gaat een man, die ter dood veroordeeld is. Binnen weinige minuten zal hij in de eeuwigheid zijn. Maar per telegraaf zendt de koningin een tegenbevel. Ik loop snel naar den man toe. Ik roep: "Goed nieuws! Goed nieuws! Gij zult niet sterven!" Maakt hem dat somber? Neen! Neen! Neen! Jongelieden, ouden van dagen, gelooft toch Satans leugen niet langer. Juist het verlangen naar Christus maakt iemand somber. Stel u voor een man, die van dorst sterft, gij gaat hem water brengen. Zal hem dat somber maken? Dat is wat Christus voor de ziel is het Brood des levens. Gij zult nimmer waar genoegen, waren vrede, waren troost hebben, tenzij gij Christus hebt gevonden. Een andere verontschuldiging. Ik hoor iemand zeggen: "Ik zou gaarne een Christen worden, maar het is een harde zaak. Ik heb het dikwijls beproefd." Ik zal u zeggen wat gij gedaan hebt; gij hebt getracht God te dienen met een vleselijke zin, en dan is het gans onmogelijk. De Moor kan zijn huid niet veranderen, noch de luipaard zijne vlekken. Het is onmogelijk God met het oude hart te dienen; maar met het nieuwe hart zal God u de kracht geven, en dan zult gij niet meer zeggen dat het hard is Hem te dienen. Het is ook een leugen. Meent gij dat God een harde Meester is? Dat het hard is God te dienen, en dat Satan een gemakkelijke meester is? Is u dat waarheid? God een harde Meester! Als ik mijn Bijbel goed lees, dan lees ik dat de weg van den zondaar hard is.

Ik zeg u dat de duivel een harde meester is. Ja, "de weg van den zondaar is hard." Vraag het den gevangene, die daar in den bloei des levens tien jaren in den kerker moet doorbrengen, en wanneer de tijd om is, eruit komt als een gebrandmerkte. Vraag het der dronkaard, den slaaf van den helse beker, of de weg des zondaars gemakkelijk is. "Gemakkelijk?" zal hij roepen, "ge makkelijk? De weg van den zondaar wordt met elke dag harder en harder!" Vraag het den godslasteraar, den speler, beiden zullen u zeggen dat de weg hard was. Ik sta hier als een getuige voor Christus; ik heb Hem twintig jaren gediend. En wens te getuigen dat Hij een gemakkelijke Meester is. Ik meende vroeger ook dat Hem te dienen een harde zaak was, maar ik heb het anders bevonden. Onderstel dat wij tot de gestorvenen konden spreken, en tot Judas zeiden: "Judas, gij hebt den duivel trouw gediend; gij hebt den Zoon des mensen voor dertig zilverlingen verraden, vond gij zijn dienst gemakkelijk?" Welk een smartkreet zou er van deze lippen komen! Hij was den dienst van satan zoo moede, dat hij zich ophing vierentwintig uren nadat hij openbaar dien dienst was ingetreden. Laat ons nu Paulus vragen. Denkt gij dat hij den dienst van God hard vond, en dien van satan gemakkelijk? "Ik diende den duivel goed," zegt hij, "ik blies dreigingen en vervolgde de gemeente. Maar het was mij hard de verzenen tegen de prikkels te slaan." En laat ons nu zien wat Jezus ervan zegt: "Komt tot Mij allen, die vermoeid en beladen zijt, en Ik zal u ruste geven. Neemt mijn juk op u en leert van Mij, dat Ik zachtmoedig ben en nederig van hart, en gij zult rust vinden voor uwe zielen.Want mijn juk is zacht en mijn last is licht." Ja, het is gemakkelijk hen te dienen, die wij liefhebben. O, mijne vrienden, onteert God niet door Hem een harden meester te noemen. Er is een groot verschil in het juk van satan en dat van Christus. Het eerste is hard en zwaar, het laatste ge makkelijk en licht. Ik smeek u, luistert niet naar de leugens van satan. Hij heeft het gehele menselijk geslacht bedrogen. Verandert toch van meester, en neemt de uitnodiging tot het avondmaal van de bruiloft des Lams aan.

# IV.

# VERONTSCHULDIGINGEN.

Een der verontschuldigingen, die de mensen gebruiken, is de uitverkiezing. Zeer dikwijls spreek ik met mensen, die zeggen dat zij wel gered willen worden, maar dat zij niet weten of zij uitverkoren zijn. "Wanneer ik zeker was," zeggen zij dan, "dat ik uitverkoren was, zou de zaligheid mij wel ernst worden, maar ik weet het niet." Ik zou nu gaarne op dit punt geen onzeker geluid geven. Ik zeg dat een onbekeerde volstrekt geen recht heeft om over de leer der uitverkiezing te spreken. Nadat gij kinderen Gods geworden zijt kunnen wij over uitverkiezing spreken -- hoe liefelijk en heerlijk die leer is. Maar zij, die geen kinderen Gods zijn, hebben er niets mede te maken. Gij zou niet willen dat iemand uwe brieven las. Nu de leer der uitverkiezing is geschreven in een brief aan Gods kinderen.

Geen wonder dat de wereld niet weet wat ervan te maken. Geen wonder dat zij het niet verstaan. Het was niet voor hen bedoeld. Waar zij mede te maken hebben is het: "Die wil," en het: "Die kome!" van de vrije uitnodigingen van Christus. Onderstel dat ik vanavond wandel en bij deze zaal kom; ik zie een politieagent staan en vraag, wie daarbinnen mag gaan. "Zij, die kaarten hebben," is het antwoord. Ik heb geen kaart, dus is het niet voor mij. Ik wandel verder, en kom aan een andere vergadering. "Deze is enkel voor hen, die tot de Vereeniging behoren," zoo zegt men mij; ik weet dus dat ook dit niet voor mij is, en wandel verder, en kom aan een groot gebouw een club. "Alleen voor leden," lees ik aan de deur. Dat is ook niet voor mij. Ik ga nog verder en kom aan een ander gebouw, en boven de deur is geschreven: "Die wil, die kome binnen." Nu is het voor mij. Die wil dat bedoelt mij en ik ga binnen. Vrienden, God zet het zoo. Allen worden genodigd om tot Christus te komen. Wat hebt gij met Paulus' brief over de uitverkiezing te maken? Gij hebt er niets mede te doen zolang gij geen Christen zijt. Gij hebt niets te maken met de brie van anderen, en het "die wil" komt voor de uit verkiezing. Indien gij leert lezen begint gij met het alfabet, nietwaar? Gij leert niet meteen lezen. En als gij tot Christus komt, moet gij in den weg van God komen, en dan kunt gij er over spreken hoe gijk waamt. "Ja," zegt gij, "maar er is een andere zijde. Chris tus zei: Niemand kan tot Mij komen, tenzij de Vader, die Mij gezonden heeft, Hem trekke." Welnu, Christus trekt de mensen. "Zoo wanneer Ik van de ven aarde zal verhoogd zijn, zal Ik hen allen tot Mij trekken." Hij trekt de mensen, maar zij willen niet komen.

God was in Christus de wereld met zich zelven verzoenende en de mensen tot zich trekkende. Maar vele harten verzetten zich tegen de werkingen des Geesten.

God trekt de mensen hemelwaarts, en de duivel trekt hen hellevaart. De Heer gaf Johannes te schrijven aan de gemeenten. Zijne pen bewoog zich snel. En aan het einde liet de Heer hem schrijven: "De Geest en de bruid zeggen: Kom; en die het hoort, zegge: Kom." Maar omdat er doven zouden zijn, werd erbij gezet: "En die dorst heeft, kome," en alsof dit nog niet ruim genoeg ware, komt er achteraan: "En die wil, neme van het water des even om niet." Wat kunt gij meer hebben dan dat? En het Boek is daarmede als het ware verzegeld. Het is de laatste uitnodiging in den Bijbel. "Die wil, neme het water des levens om niet." Gij zijt dorstig. Gij verlangt naar water. Ik houd u een glas voor en zeg: "neem dat." Nu moet gij uwe hand ernaar uitsteken, maar niet zeggen: "Als het beschikt is dat ik het zal hebben, behoef ik er geen moeite voor te doen;" want dan zult ge het nimmer krijgen. En als gij ooit de zaligheid zult deelachtig worden, moet gij uwe hand ernaar uitsteken en haar aannemen. "Ik zal den beker der verlossingen opnemen, en den Naam des Heeren aanroepen." Wilt gij de zaligheid nu aannemen? Het is eenvoudig genoeg. "De bezoldig der zonde is de dood, maar de genadegiften Gods is het eeuwige leven." Lieve vrienden, struikelt niet langer over de leer der uitverkiezing. Gij zult niet voor God kunnen staan, en zeggen: "Ik wilde haar niet aannemen omdat ik niet een uitverkorene was."

Die verontschuldiging zal in zijne tegenwoordigheid verdwijnen. God nodigt ieder man en iedere vrouw tot het avondmaal der bruiloft des Lams, wanneer Hij schrijft: "Die wil, die neme." Misschien is daar een man, die zegt:

"Dat is niet mijne moeilijkheid. Maar ik ken een man, die belijdt tot de Kerk van Christus te behoren, en die mij bedrogen heeft enige jaren geleden. Er zijn huichelaars in de Kerk, en ik wil niets met hen te doen hebben." Ik vraag u niet om tot de Kerk te komen, maar tot het bruiloftsmaal des Lams. Kom eerst tot Christus, en dan zullen wij over de Kerk praten. Er zijn altijd huichelaars in de Kerk geweest, en er zullen er altijd zijn tot het einde toe. Een van de twaalf discipelen was een huichelaar. Maar aan dat feest zullen geen huichelaars zijn, en hoe eerder gij tot Christus komt, hoe eerder gij uit hun gezelschap zijn zult. Indien gij de uitnodiging niet aanneemt moet gij de eeuwigheid met hen doorbrengen. Gij hebt niet op Petrus, of Johannes, of Paulus te zien, maar op Christus. "Volg gij Mij," zegt Hij. Maar hier is misschien een eigengerechtig Farizeeër, die zegt: "Ik begrijp niets van dat gepraat over bekering, ik ben goed genoeg zoals ik ben. Mijne verontschuldiging is geldig. Ik zal niet vragen aan anderen om voor mij te bidden, ik heb dat niet nodig." En hij wikkelt zich dichter in zijne lompen van eigen gerechtigheid, en verbeeldt zich rein te zijn in het oog van God en de mensen. Vriend, het Woord van God zegt: "Er is niemand rechtvaardig, ook niet tot een toe."

Indien gij gevonden wordt met uw eigen kleed aan, dan zult gij voor eeuwig uitgeworpen worden. Hij zal u voorzien van een smetteloos wit kleed, indien gij het wilt aannemen, maar denk niet dat gij met deze ellendige lompen van eigengerechtigheid voor God kunt staan. O, moge de Heilige Geest u tonen, hoe bevlekt gij zijt in het oog van een heilig God. Hoe dichter een mens bij God komt, hoe meer hij zich zelven verfoeit. Zoals Job, zegt hij: "ik verfoei mij." Gelijk Jesaja, toen hij den heiligen God zag, roept hij uit: "Wee mij, want ik verga." Moge God u ontbloten van uw eigengerechtigheid! Maar hier is een andere verontschuldiging. Als de duivel een mens niet kan doen geloven dat hij goed genoeg is en niet behoeft gered te worden, dan vertelt hij hem dat hij zoo slecht is, dat de Heer niets met hem wil te doen hebben. Ik heb dikwijls horen zeggen: "Ik ben te slecht om gered te worden." Dat is ook een leugen. Wat zegt de Schrift? "Christus stierf voor de goddelozen." "Jezus Christus kwam in de wereld om zondaren zalig te maken." Wat zei Christus tot zijne discipelen? "Gaat heen in de gehele wereld, predikt het Evangelie aan alle creaturen." "En dat er in zijnen naam gepredikt zou worden bekering en vergeving der zonden onder alle volken, beginnende van Jeruzalem." Aan dezelfde mannen, wier handen dropen van het bloed den Zoon van God, werd de zaligheid aangeboden. Paulus zei dat hij de grootste der zondaren was, en indien hij gered werd, dan is er voorzeker hoop voor ieder mens op den aardbodem. Als gij zoo heel slecht zijt, zijt gij het juist, dien Hij verlangt te redden.

Let op, vrienden, God nodigt u te komen zoals gij zijt. Houdt toch deze vuile lompen van eigene rechtigheid niet aan; God zal u met heerlijke klederen bekleden. Tijdens onzen oorlog zagen wij somtijds een man komen, wiens kleding wel 100 gulden, en een ander, wiens kleding misschien niet meer dan één gulden waard was; maar zij moesten zich beiden van hunne klederen ontdoen en de uniform van het land aantrekken. En zoo is het met ons: wanneer wij Christus wijngaard binnengaan moeten wij al onze lompen uittrekken en de hemelse livrei aandoen. Hoe slecht gij dus ook moogt zijn, kom zoals gij zijt, en de Heer zal u ontvangen. Een leraar sprak eens met een man, die zei dat het scheen alsof zijn hart vastgeklemd was, zodat hij niet kon komen. De leraar zei: "kom maar, met keten en al." En hij kwam met keten en al, en Christus verbrak de boeien en maakte hem vrij. Als gij aan handen en voeten geboeid zijt door satan is het Gods werk de boeien te verbreken; gij kunt ze niet verbreken. Dan is er een andere verontschuldiging: "Ik zou wel willen komen, maar ik weet niet of ik wel het rechte gevoel heb." Dat is een zeer gewone verontschuldiging, - voelen, voelen, voelen! God is boven gevoelen verheven. Denkt gij dat gij uwe gevoelens kunt beheersen? Als dat waar was zou ik altijd goed gevoelen. Maar herinner u, satan kan onze gevoelens vijftig keer per dag veranderen, maar Gods Woord kan hij niet veranderen, en wij moeten onze hoop op den hemel, op het Woord van God bouwen. Wanneer een arme zondaar uit de diepte komt, en op het punt is zijn een aan voeten op de Rots der eeuwen te zetten, zet de duivel een plank van gevoel uit, en zegt: "Ga daarop staan," en wanneer hij er zijn voet op zet, gaat hij weer omlaag.

Neem van deze teksten: "Voorwaar, Ik zeg u, die mijn Woord hoort, en gelooft Hem, die Mij gezonden heeft, die heeft het eeuwige leven, en komt niet in de verdoemenis, maar is uit den dood overgegaan in het leven." Dat is het waaraan wij moeten vasthouden, en niet onze gevoelens. Sinds ik dit deed, zijn de baren van ongeloof en twijfel, de donkere baren der hel, de golven der vervolging op mij aangelopen, maar ik ben instaat gesteld om op woorden als dezen vast te staan. Die rots is zeker, en daarop moeten wij staan, dan zal de Heer een nieuw lied in onzen mond leggen. "Maar," hoor ik iemand zeggen, "gij hebt over mijn geval niet gesproken, ik weet van al deze dingen niets, maar ik kan niet geloven." "Ik kan niet geloven," zei een man niet lang geleden tot mij. "Wien?" vroeg ik. Hij stamelde en zei nog eens: "Ik kan niet geloven." Ik herhaalde: "Wien." Weder zei hij: "Ik kan niet geloven," en weder herhaalde ik: "Wien," waarop hij eindelijk zei: "Ik kan mij zelven niet geloven." Wel dat behoeft ook niet. Hoe minder gij u zelven gelooft hoe beter. Maar in dien gij mij vertelt dat gij God niet geloven kunt, dat is iets anders; en ik zou u gaarne willen vragen waarom? Er is geen reden waarom de mensen God niet zouden geloven. Niemand zal ooit kunnen zeggen dat er een belofte Gods in den bijbel is, die God niet gehouden heeft.

Vriend, gij hebt geen reden om God niet te geloven. Indien gij zegt dat gij de mensen niet kunt geloven, dan kon daarvoor reden zijn, om dat zij niet altijd zeggen wat waar is. Maar God ver gist zich nooit. Zal Hij iets zeggen en het niet doen? Sommige mensen praten alsof het een ongeluk, een zwakheid is dat zij niet geloven, en menen te denken dat men hen beklagen moet. Maar vergeet niet dat het de meest vervloekte zonde der wereld is. "En de Heilige Geest gekomen zijnde, zal de wereld overtuigen van zonde, van gerechtigheid en van oordeel; van zonde omdat zij in Mij niet geloven." Dat is de zonde der wereld, "omdat zij in Mij niet geloven." Dat is de wortel der zonde, en de vrucht is slecht, want de boom is slecht. Moge God onze ogen openen om te zien dat Hij waar is, en mogen wij er allen toe geleid worden om ons volste vertrouwen in Christus te stellen. En zoo zijn er honderden verontschuldigingen. Het beste, dat gij doen kunt, is ze in een bundel bij elkander te binden en ze te merken als een pak leugens. God zegt: "Ik heb geen lust in den dood des zondaars, maar daarin dat hij zich bekeert." "Bekeert u, bekeert u van uwe boze wegen, want waarom zou gij sterven, o huis van Israël?" Zie de Joodse natie. Zij wilden de uitnodiging niet aannemen. Zij verachtten de genade Gods en vertrapten haar onder hunne voeten, en zie hen vandaag. En hiernamaals, wanneer anderen aan het avondmaal van de bruiloft des Lams, onder het gejuich en de Halleluja's in den heniel aanzitten, zult gij met de verlorenen roepen: "De oogst is voorbij, de zomer is geëindigd, en wij zijn niet verlost." En herinner u, het is de Koning der koningen, de Heer der heerlijkheid, die u tot dit feest nodigt.

Kom zoals gij zijt, en neem de uitnodiging aan. Laat den ploeg staan tot gij haar aangenomen hebt. Laat uw winkel zolang gesloten blijven, uwe zaak zolang stil staan. Maak zeker dat gij niet aan dat feest gemist wordt. Die vrome moeder van u is daar. Dat kindje, dat een maand of wat geleden stierf. Als gij een goede verontschuldiging hebt, houd u aan vast, neem haar mede in het graf, breng haar voor den rechterstoel van God, en spreek haar voor Hem uit. Maar, zoo deze verontschuldiging de eeuwigheid niet kan doorstaan, laat haar dan varen. Gods oog zal het doorzien, geef haar dus op, nu. Doe als de pelgrim, van wie John Bunyan zegt dat hij de stad der verwoesting verlatende, riep: "leven, leven, eeuwig leven!" Stel uw aangezicht naar dat gezegende land, en zeg: "Door de genade Gods zal ik aan dat bruiloft maal zijn."

# V.
# GOUDEN GELEGENHEDEN VERLOREN.

Ik heb nooit het leven van Pilatus zonder droefheid gelezen. Het schijnt alsof Pilatus recht moest doen, maar hij overwoog de vraag zoals zovele mensen nu nog doen. Zij zijn in het dal der beslissing. Zal ik voor Christus kiezen of tegen Hem? Zal ik een flink Christen worden? Zal ik opstaan voor de wereld of voor het koninkrijk Gods? Zal ik het koninkrijk Gods met mijn gehele hart zoeken, of zal ik vermaak, eer, positie en goedkeuring van mensen zoeken? Dat is de grote strijd, die in Pilatus' hart plaatsgreep. Daar stond hij in de tegenwoordigheid des Konings. Hij had nooit tevoren zulk een gevangene gehad; hij had nog nooit zulk een mens te verhoren gehad. Eindelijk gaat hij uit naar de Joden en zegt: ik heb dezen mens onderzocht, maar vind geen schuld in Hem.

Dank God daarvoor, en het zou goed voor Pilatus geweest zijn als hij daar flink gestaan had, en gezegd: "ik vind geen schuld in dezen mens; ik wil niets met het doodvonnis te doen hebben ik zal mijne toestemming nimmer geven voor de ter dood brenging van dezen mens." Dat is het wat Jozef van Arimathea deed. In de raadzaal stond hij op, en zei geen deel te willen hebben aan het uitspreken van het doodvonnis aan dezen mens. Maar Pilatus, de arme besluiteloze Pilatus, bleef op twee gedachten hinken. Hij wilde den Joden gaarne gunst bewijzen, en wilde niet tegen zijn geweten ingaan en een onschuldig man ter dood laten brengen; daarom zegt hij tot hen: Ik vind geen schuld des doods in Hem, maar ik zal Hem kastijden en loslaten. " Welk een verachtelijk besluit! Een onschuldig man kastijden! Een man, in wie hij geen schuld vond, kastijden! Zodra hij begon te weifelen ging hij verkeerd. Hij keerde zich af. Hij kwam nabij het koninkrijk - op den drempel. Dat was zijn gouden gelegenheid, dat was zijn dag. Hij heeft nooit weder zulk een dag gehad. Nooit heeft iemand zulk een gouden gelegenheid gehad. Hij had zich onsterfelijk kunnen maken; hij had zijn naam al de eeuwen door in een adem genoemd kunnen hebben met Jozef van Arimathea, Johannes de Doper, en Petrus, en Paulus, en al die heilige mannen, die Christus omringden. Maar hij verlangde de goedkeuring der wereld. Zijn er niet hier, die diep in hun hart overtuigd zijn dat zij Christenen moeten zijn?

Zeggen uw eigen oordeel en uw eigen geweten u dat niet? Lieve vrienden, ik smeek u, neemt nu de rechte beslissing. Doet niet zoals Pilatus, om recht tegen uw geweten in te gaan, of tegen het pleiten van een geliefden vriend. Pilatus vrouw liet hem zeggen: "Heb toch niets te doen met dien rechtvaardige, want ik heb heden veel geleden in den droom om zijnent wil. Arme

Pilatus! hij kwam zeer nabij het koninkrijk, en ziet, hij keerde zich af. Bunyan beschrijft een man, die naar de poorten des hemels ging; hij zag eruit alsof hij den hemel zou binnengaan door de eeuwige poorten – een stap meer en hij was binnen de eeuwige stad, werd een mede- erfgenaam met Christus — maar toen hij daar kwam, was er een zijweg, die naar den put leidde; hij wendde er zich heen en daalde naar beneden. Was het met Pilatus. Bijna gered verloren. Gij zijt niet ver van het koninkrijk. Judas was ook zulk een man. Bijna! Zegt gij mij, dat gedurende de drie jaren, die Judas Christus volgde, en van stad tot stad, en van dorp tot dorp, en van plaats tot plaats ging, en die wondervolle prediking hoorde en die machtige wonderen zag, en Jezus die heerlijke gelijkenissen hoorde uitspreken, zegt gij mij, dat hij gedurende die drie jaren niet bijna gered was? Eén stap meer en Judas zou binnen het koninkrijk geweest zijn. Hij was nabij het koninkrijk, en ik geloof dat dit de eeuwigheid zoo vreselijk zal maken voor Judas.

En 200 en toch gedurende deze achttien eeuwen, die voorbijgegaan zijn, moet hij dikwijls gedacht hebben aan die tonelen, dikwijls zich herinnerd hebben hoe Christus de doden opwekte, hoe Hij de boze geesten uitwierp, hoe Hij woorden van troost sprak, hoe Hij de verbrokenen van hart verbond en vertroostte hen, die rouw droegen. En hoewel Judas drie jaren lang met dien heiligen groep verbonden was, en tot de poorten van het koninkrijk Gods kwam, verloor hij het. Bijna gered, maar verloren! Is hier vanavond een huichelaar, die luide verklaart te hebben, wat hij niet bezit? Moge God uwe ogen openen, en moge het u berouwen, en gij u van uwe huichelarij tot den Heere Jezus keren. Spreek ik tot een formalist, die rust zocht in een ellendige vorm, - rust zocht in de een of andere leerstelling, u beroemende op wat gij niet naleeft en op wat gij niet bezit? De tijd komt, dat gij wel beproefd zult worden. Is het slechts een ledige belijdenis, dan ware het beter dat gij niet geboren waart, dan dat gij zou sterven, en sterven gelijk Judas. Een ander geval, waar Paulus prediker was. Denk aan die mensen, die zulke grote predikers hadden. Stel u voor hun luisteren naar zulke mannen. De wereld had nooit zulke predikers gezien. Johannes de Doper, Jezus Christus, en Paulus, en Petrus kunt gij zeggen, waren de grootste predikers, die de wereld ooit gezien heeft, en deze mannen, over welke wij gesproken hebben, waren onder hun gehoor.

Felix hoorde Paulus, Paulus preekte voor Felix, en sprak met hem over gerechtigheid, matigheid en het naderend oordeel. Terwijl hij luisterde was hij nabij het koninkrijk. Zoo nabij, dat hij beefde en zei: "Voor ditmaal ga heen, en als ik gelegener tijd zal hebben bekomen, zoo zal ik u tot mij roepen." Twee jaren lang was Paulus in de gevangenis, maar wij horen niet dat Felix hem geroepen heeft. Hij vertelde hem den weg ten leven. Felix hoorde hem nu en dan in de hoop van losgeld van hem te krijgen, maar hij riep hem nooit om meer van den weg ten leven van hem te horen. Hij kwam zoo nabij het koninkrijk, dat hij beefde; bijna maar verloren. Het wordt ons niet gemeld, maar ongetwijfeld hield hem de een of andere boezemzonde geketend. Ik geloof dat hier vanavond mensen zijn, die bijna bewogen zijn, maar die een boezemzonde hebben, die zij niet willen afleggen, een afgod, waarvan zij geen afstand willen doen. Een ander voorbeeld: Paulus wordt voor Festus gebracht; en terwijl hij met Festus spreekt, roept deze uit: "Gij raast Paulus, de grote geleerdheid brengt u tot razernij." Paulus ging voort te prediken, en toen hij zich tot Agrippa wendde, vroeg hij: "Gelooft gij, o koning Agrippa, de profeten?". Hij stelde hem de vraag persoonlijk, en Agrippa zei: "Gij beweegt mij bijna een Christen te worden." Bijna in het koninkrijk, bijna gered, en toch horen wij nooit dat hij gered is.

Wij horen nooit dat Festus gered is. Bijna – maar verloren, omdat zij den volgenden stap verder niet nemen. In 1870 bestegen elf mensen den Mont Blanc, toen er een vreselijke sneeuwstorm opkwam. Zij verdwaalden. Eindelijk maakten zij een plekje in de sneeuw gelijk, om zich tegen den storm te beveiligen; allen vroren dood, en toen zij gevonden werden waren zij maar vijf voet van het rechte pad. Bijna gered! Slechts vijf voet verder, en zij waren veilig geweest. Goddank, dat het nu zelfs geen vijf voet is voor een mens om gered te worden. Het is maar één stap. Uit zich zelven en in Christus. Mensen, wilt gij buiten het koninkrijk om komen, terwijl de deur wijd open is en God u nodigt binnen te komen? God smeekt u binnen te komen. Hebt gij nimmer gehoord van zeelieden, die in het gezicht van land en tehuis toch verloren gingen? Bijna in de haven en toch verloren! Hebt gij niet gehoord van soldaten mannen, wier tijd bijna om was, die binnen weinige dagen vrij zouden zijn, en naar het slagveld gezonden, gedood werden? Bijna tehuis en toch verloren! En is dat niet de toestand van velen? Bijna in het koninkrijk, maar er toch niet in. Bijna behouden en toch niet behouden. Vanavond terwijl de Koning de stad doorgaat, en het koninkrijk nabij u komt, en de Koning u aanbiedt zijn rijk in uw hart op te richten, heft uwe stemmen op gelijk de blinde Bartimeüs. Zij vertelden hem dat de Koning voorbijging, en zodra hij het hoorde, riep hij: Ontferm U mijner! " Zij trachtten hem tot zwijgen II. 4 te brengen, maar konden niet.

Het was zijn dag — zijne gelegenheid. Christus zou niet weder bij hem langskomen, en hij riep: "Zone Davids, ontferm U mijner" En Christus ontfermde zich zijner. Zie ook Zacheus. De Meester zei tot hem: Haast u, kom af, " en hij kwam af, en Christus richtte zijn koninkrijk in zijn hart op. Het is uw dag, het is uw gouden gelegenheid de Meester gaat voorbij. Verlangt gij de zaligheid? Wilt gij haar vanavond? Zij is de uwe, wanneer gij maar wilt. Het gehele leven des mensen is als een ogenblik, vergeleken bij de eeuwigheid hiernamaals, en sommige mensen staan al dien tijd stil. Er zijn zeer vele grensbewoners, die ogenschijnlijk noch tot het grondgebied van den vijand, noch tot dat van God behoren. Zij zijn gereed om de een of andere zijde te kiezen, al naar gelang van omstandigheden. Zij trachten God te dienen door een godsdienstig voorkomen, maar hun godsvrucht is slechts een ledige vorm. Het zal een heerlijke dag voor het Christendom zijn wanneer de grenslijn duidelijk is getrokken, en wanneer de ware Christenen hun ware vrienden van hunne vijanden zullen onderscheiden. O, laat ons niet weifelend, besluiteloos zijn gelijk Pilatus, Felix en Agrippa, maar mannen van karakter en ernst gelijk Daniël en Paulus. Luk. 16: 25.

# VI.

# KIND! GEDENK DAT GIJ UW GOED ONT VANGEN HEBT IN UW LEVEN.

Ik geloof dat er vele mensen zijn, die het voor nemen hebben den een of anderen tijd Christen te worden. De meesten onzer hebben lang genoeg geleefd, om te weten dat het leven kort is, en dat honderden om ons heen sterven, die eens meenden dat zij een goeden ouderdom zouden bereiken. Ik hoorde de vorige week van een Amerikaan, die in een hotel was; hij was plotseling ziek geworden en was stervende. Ik ging tot hem in de hoop te weten te komen wie hij was, opdat ik aan zijne familie kon schrijven. Toen ik hem zag, bemerkte ik, dat hij spoedig deze wereld zou verlaten. Ik trachtte hem van zijn eeuwig tehuis te spreken, maar hij wilde niet luisteren.

Ik kon uit vrees voor verergering hem niet vertellen dat hij stervende was, en ik meende, dat wanneer ik mijne zending doorzette, zonder hem mede te delen wat zijn toestand was, ik meer tijd zou hebben om met hem te pleiten. Hij was te ziek om te spreken. Lieve vrienden, doet het terwijl gij gezond zijt. Wanneer het lichaam verhit is door de koorts, en gij geheel door pijnen ver zwakt wordt, is het niet de tijd om acht te geven op de redding uwer ziel. Indien ik ooit een donkeren dag doorgebracht heb, dan was het deze. Ik stond den gehelen dag tegen over den dood. Die arme man wist niet dat de dood zoo nabij was. Hij komt zoo ongemerkt dat de wereld niet kan zeggen wanneer hij komt. Over weinige dagen zou deze man er niet meer zijn. Tegen den avond ver telde ik hem, dat hij spoedig sterven zou, en dat een Zaligmaker hem wachtte; hij verlangde dat er dadelijk een bericht zou gezonden worden aan de zijnen. Hij liet mij toe met hem te bidden, en ik verkondigde hem Christus tot ik verplicht was naar deze vergadering te gaan. Wanneer deze afgelopen is, ben ik van plan er weder been te gaan, om hem te troosten, tot hij zijn hoofd laat rusten aan den boezem van den Zaligmaker. Het is mij alsof ik vuriger dan ooit met u moet pleiten vanavond. Laat den dood niet de overwinning over u behalen, en laat Satan u niet weerhouden om de vraag nu te beslissen, waar gij de eeuwigheid zult doorbrengen. De Heere Jezus is in staat om alles te geven wat Hij aanbiedt.

En wat biedt Hij aan? Vrede, blijdschap en troost, waarvan de wereld niets weet. Hij biedt het eeuwige leven in het koninkrijk Gods aan. Hij biedt een plaats aan in zijne woningen. Wij zullen met Hem op zijn troon zitten. Moge God u helpen de rechte keuze te doen. Rust toch niet voor gij de grote vraag der eeuwigheid beslist hebt. Het water des levens. In de geschiedenis van een ter dood veroordeelde wordt vermeld, dat, toen hij zijn hoofd op het blok zou leggen, de vorst hem vroeg of hij ook nog een gunst te vragen had, die hij hem kon toestaan. De man vroeg slechts om een glas water. Een glas water werd voor hem gehaald en hem gegeven, maar hij beefde zoo, dat hij het niet aan zijn mond kon brengen. De vorst zei tot hem: "Uw leven is veilig totdat gij dit water gedronken hebt." Onmiddellijk geloofde de man den vorst op zijn woord, en stortte het water op den grond. Het kon niet opgenomen worden, en het leven van den man was dus gered. En gij kunt een ziel redden door God op zijn woord te geloven. Het water des levens wordt door Hem aan allen aangeboden. -, Een iegelijk, die wil, neme het water des levens om niet." Neem het, neem het nu, en gij zult leven. Goed nieuws voor verlorenen. Als er een man of een vrouw is, die gelooft dat hij of zij verloren is, heb ik goed nieuws voor hen. Chris tus kwam om u te redden. Hij kwam om u te zegenen.

Laat dit uur dan niet voorbijgaan, zonder dat gij de zaligheid als een gift van vrije genade, van een liefderijk God aanneemt. Hij verlangt barmhartigheid en genade aan iedere ziel uit te delen. De Zoon des mensen is gekomen waarvoor? Om te zoeken en zalig te maken. Denkt gij dat Hij niet instaat is om te redden? Is Hij niet gewillig om te redden? O laat Hem u redden, terwijl gij op den grond des gebedsstaat; terwijl God tot u spreekt, en u de zaligheid zonder prijs en zonder geld aanbiedt. De genadegift Gods is het eeuwige leven. Deze gift wordt nu aangeboden. Wie wil haar hebben?

Wie wil de vrije gift aannemen? Een getuigenis waardig om ernaar te jagen. "Mijn jongen," zei een vader tot zijn stervenden zoon, "weet gij dat gij stervende zijt, dat gij vandaag kunt sterven?" De knaap keek op in het liefdevolge laat van den vader: Stervende, ben ik dat? Zal ik van nacht sterven? " De vader weende, grote tranen rolden langs zijn wangen., O, vader, ween niet om mij, wan neer ik sterf ga ik naar den hemel, en daar gekomen, zal ik dadelijk naar den Heer Jezus gaan en Hem vertellen dat het door uw toedoen is, dat ik daar kwam." Ach, lieve vrienden, ik zou liever hebben dat mijn zoon zulk een getuigenis van mij naar den troon van God meenam, dan al de schatten en rijkdommen, al het goud, al de juwelen, die de wereld ooit kan hebben, ja, tienduizendmaal liever! Ik zou liever zien dat mijn zoon een erfgenaam van het koninkrijk der hemelen, en mede-erfgenaam van Christus was, dan dat hij de erfgenaam van den grootsten monarch der wereld ware.

Erfgenaam van God en mede-erfgenaam met Christus. "Dat is een erfenis, wel waard haar te bezitten. En deze biedt God ons aan. O, vaders, moeders, ziet toch dat de namen uwer kinderen in den hemel opgeschreven worden. Het doet er niet toe of zij in de boeken dezer wereld geschreven zijn; zorgt dat zij in den hemel opgeschreven worden, en dan zullen zij een getuigenis naar den hemel nemen zoals die zoon deed. Is dat niet de moeite waard om ernaar te jagen? In de gelijkenis, waarin deze woorden: kind, gedenk" voorkomen, komt het duidelijk uit, dat het enige, dat de mens uit deze wereld meeneemt, zijn geheugen is; en dat dit altijd voort zal leven. De mensen zullen zien dat hun geheugen hen nooit zal verlaten; het zal zijn als een vuur, dat niet geblust kan worden. Ik zeg u, vrienden, wanneer God zegt: "Kind, gedenk," of gij wilt of niet, gij zult u al de daden en handeling: gen van uw vorige leven herinneren. Ik weet niets ernstiger in Gods Woord dan dit, dat wij ons alles zullen herinneren wat wij gedaan en gezegd hebben. Met den dood houdt niet alles op, zoals sommige mensen ons willen doen geloven. De Schrift zegt: "Het is den mens gezet eenmaal te sterven, en daarna het oordeel." De mensen mogen hun best doen dit weg te redeneren, en te wensen dat het niet zoo ware, maar het is een feit: Gij gaat langzaam en zeker uw oordeel tegemoet. Een vraag, die wij ons allen behoren te doen, is.

Indien wij in onze zonden sterven, waar zullen wij heengaan?" Ons wordt duidelijk gezegd, dat wij ons zullen moeten verantwoorden over onze daden; hoe kunnen wij dit anders doen dan uit ons geheugen? Wij zullen daar onze eigen levensgeschiedenis moeten geven, en onzen gehelen wandel melden. God zal ons niet veroordelen, maar ons zondig verleden zal onze hoop op het eeuwig leven vernietigen. Jaren geleden werd ik door een vriend, die rechter was, uitgenodigd in een rechtszaal te zitten. Een jonge man, beschuldigd van een kleinen diefstal, werd voorgebracht. Toen hem gevraagd werd of hij vroeger reeds in die rechtszaal was geweest, antwoordde hij ontkennend. Ik beklaagde den jongen man diep, toen in een anderen hoek der kamer een beambte een boek tevoorschijn bracht, dat de namen bevatte van hen, die daar in die rechtszaal tevoren veroordeeld waren. In dit boek kwam zijn naam voor, en wel verscheidene keren. Hij was jarenlang niet in de stad geweest, en dacht dat hij vergeten was door de mensen, hetgeen ook het geval was, maar weinig dacht hij dat er een boek was, dat zijne daden vermeldde. En zoo is het met ons, mijne vrienden. Gods boek zal geopend worden. Slaat den Bijbel op, en ziet of deze waarheid daar niet bevestigd wordt. "En ik zag een grooten witten troon, en degene, die daarop zat. Van wiens aangezicht de aarde en de hemel weg vloden, en geen plaats is voor die gevonden."

En ik zag de dooden, klein en groot, staande voor God; en de boeken werden geopend; en een ander boek werd geopend, dat des levens is; en de dooden werden geoordeeld uit hetgeen in de boeken geschreven was, naar hunne werken." En ons wordt door vele bekwame mannen, die de menselijke natuur bestudeerd hebben, verteld, dat alles wat wij ooit gezien hebben, in onze geheugenis is weggelegd, en dat op zekeren tijd ons alles weer voor den geest zal komen. Misschien zeggen sommigen uwer, dat het onmogelijk is, ja dat het dwaas is om aan zoiets te denken. Gelooft mij, gij zult u uwe zonden herinneren. Maar misschien gelooft gij niet dat een mens moet sterven. Dan staat er: "Het is den mens gezet eenmaal te sterven, en daarna het oordeel." "Let nu op, daarna." Zegt gij nu nog: er is geen hiernamaals? Laat mij u dan zeggen, indien gij dit gelooft, komt dan nooit weder onder het gehoor van een prediker, die het Evangelie verkondigt. Veroorlooft geen leraar u ook maar een enkel woord betreffende uwe ziel te zeggen, want ik geloof dat dit de eeuwigheid te vreselijker voor u zal maken. Ik zie een blik van verachting op het gelaat van sommigen uwer, maar ik zeg u, dat het een feit is, dat niet zoo gemakkelijk als gij u ver beeldt kan ontkend worden. Laat de wereld u niet op dat punt misleiden. Zij zal dit doen als zij daartoe kans ziet. Weeg wel uw besluit omtrent de eeuwigheid. Het is veel beter dat gij omtrent tienduizend aardse dingen misleid wordt, dan omtrent dit een feit.

Ik las eens in een onzer couranten van een man, die, uit een wijnhuis komende, gevraagd werd: "Hoe ver zijt gij op weg naar de hel?" Hij gaf geen antwoord op de vraag, maar besteeg zijn paard, en reed zoo snel hij kon weg. Een hoek omslaande, zag de persoon, die de vraag gedaan had, dat het paard zijn rijder had afgeworpen, en het lijk in een naburige herberg werd gedragen. Waarschijnlijk waren de laatste woorden, die deze man hoorde: Hoe ver zijt gij op weg naar de hel? Hij dacht zeker niet dat hem slechts enige minuten overbleven om vrede met God te maken. Snel in de eeuwigheid overgebracht was hij voor eeuwig verloren. Lieve vrienden, de dood komt ook voor u eens. Gij moogt nu de zon en de maan in al hunne heerlijkheid zien opgaan, maar zij zullen spoedig ver bleken. Christus zegt: "Hemel en aarde zullen voorbij. Gaan, maar mijne woorden zullen geenszins voorbijgaan. Denkt gij dat de mensen van Jeruzalem de mooie redenen vergeten zijn, die Hij daar uitsprak, of de vriendelijke daden, die Hij daar verrichtte, toen Hij op aarde was? Denkt gij dat Pilatus den gedenkwaardige dag vergeten heeft, toen hij Hem verhoorde en overtuigd werd dat er geen schuld in Hem was. Helaas, dit kan nooit vergeten, nooit uit zijn geheugen gewist worden.

Hij zal zich eeuwig het ogenblik herinneren toen de wereld zulk een noodlottige invloed op hem had, en hij wegging, zijne handen wassende, en zijn Zaligmaker aan de genade van zijn vervolgers overgevende. Dikwijls hebben velen uwer het Evangelie gehoord van de lippen van getrouwe leraars en vrienden, en hebt gij Gods genadig roepen verworpen, heeft een ongeziene macht met u gestreden, en heeft de Heilige Geest u tot God willen brengen. Denkt gij dat gij deze gedenkwaardige gelegenheden zult vergeten? Merkt op, mannen! Gij spot hier met het aanbieden der zaligheid, maar aan de andere zijde van het graf zal niemand instaat zijn met Christus of zijne zaligheid te spotten. Het is een gemakkelijke zaak om hier te schelden op den godsdienst, en op heilige mensen en dingen; maar sterft in uwe zonden, en gene gelegenheid tot spotten zal u gegeven worden aan de andere zijde van het graf. Gij lacht hier met den Bijbel, maar ik geloof dat er in de andere wereld miljoenen mensen zijn, die wensten dat zij den Bijbel, al was het maar één uur, konden krijgen. Zegt gij dat die man berouw kan hebben in het graf, waar alles koud en stil is? Gij herinnert u den tekst, die zegt: "Die tot Mij komt zal Ik geenszins uitwerpen." Indien gij tot Christus komt, zal Hij u in zijne armen nemen, en u aan zijn liefdevol hart sluiten; maar indien gij uit deze wereld gaat zonder u aan Hem te geven, is uwe eeuwigheid verzegeld.

Wanneer God edelmoedig komt en u het eeuwige leven aanbiedt, waarom neemt gij het niet aan? Open de deur van uw hart en zeg: "Welkom, driemaal welkom, lieve Heiland, in mijn hart." Gij zijt vrij, en kunt de deur sluiten en toe grendelen, en den Heiland weigeren binnen te komen. Dat gij u kunt verbeelden dat er berouw na den dood is, is voor mij eenvoudig een beklagenswaardige dweepzucht. Het zou de hel zijn voor een onwedergeboren mens, om hem in de straten des hemels te zetten, en hem de liefelijke gezangen Zions, die daar gezongen worden, te laten horen. Gij moet wedergeboren worden, anders zal de hemel zelfs uwe ellende vergroten. Uwe zonden moeten vergeven zijn, en gij moet gewassen zijn in het reinigend bloed van Christus, die voor u stierf; anders zal de gedachte aan het verleden u een eeuwig lijden zijn, dat als een vuur in uwe beenderen brandt, en dat nimmer zal uitgedoofd worden. Het is verreweg beter u altijd te kunnen herinneren hoe Gods goedheid Jezus zond om te zoeken en zalig te maken.

# VII.

# NOOIT HOPELOOS.

Ik ben overtuigd dat er niemand is, hoe diep ook in de zonde liggende, die niet door Christus gered kan worden. Wij wensten wel dat Christenen in dit opzicht meer geloof hadden. Geen man of vrouw is buiten het bereik van Gods genade. Wij hebben hier in het vijfde hoofdstuk van Markus drie gevallen, waarvoor geen hoop was. Zeker waren zij buiten het bereik van menselijke hulp; er was geen verlossing mogelijk voor hen, als zij niet vanboven kwam. De eerste was van den duivel bezeten. Zij brachten hem geketend, maar gelijk Simson had hij zijne ketenen verbroken. Zij hadden getracht hem te temmen, maar waren niet geslaagd. Zij hadden hem gekleed, maar hij had zich de klederen van het lijf gescheurd; en toen Christus hem ontmoette had hij zijn verblijf te midden der graven. Zijn geval scheen uitwendig bezien, wel hopeloos.

Merk wel op, dat toen Christus kwam, de man zei: wat heb ik met U te doen? Ik bezweer U dat Gij mij niet pijnigt." Dit was wel het beste bewijs, dat hij van den duivel bezeten was, dat hij Christus als zijn vijand beschouwde. Hij geloofde in een toekomst, en hij kende den Zoon van God en herkende Hem, want zelfs de duivelen weten dat Christus Gods Zoon is. Wat de mensen niet konden deed Christus met een enkel woord. Hij sprak tot den duivel, en hij vlood. Het volgende geval is dat van de vrouw, die twaalf jaren lang "veel geleden had van vele medicijnmeesters." Zonder twijfel was zij in Jeruzalem geweest, en had daar bij al de doktershulp gezocht; waarschijnlijk was zij ook wel in Damascus geweest, en als er in die dagen medicijnen geadverteerd werden zal zij dikwijls de advertentie gelezen hebben, om te zien of er ook een middel was ter harer genezing. Twaalf jaren lang had zij geleden en al haar geld uitgegeven, en was niets beter. Als zij in Londen was geweest zou zij naar een inrichting voor ongeneeslijke zieken gezonden zijn. Maar er is geen kwaal, die Christus niet kan genezen. Toen ik tien jaren geleden met den Heer Sankey te Newcastle-on-Tyne was, kwam iemand tot mij, die zei: "Mijnheer Moody, ik zal mijn neef vanavond medebrengen in de meeting, ik hoop dat gij zoo zult preken dat het hem treffen zal, en wilt gij na de preek naar de bank komen, waar gij hem naast mij zult zien zitten?"

Hij gelooft niet in het Evangelie, dat gij predikt. Hij denkt dat het alles huicheltaal is. Zijne ouders vreesden God en zij zijn biddende voor hem gestorven. Terwijl hij aan de universiteit was is hij op den verkeerden weggebracht, en nu is hij sinds jaren een dronkaard. Hij is een zaakgelastigde; al zijne vrienden verlaten hem langzamerhand, en hij verliest al zijne klanten. En nu, "zei zij, heeft hij beloofd mede te gaan op een voorwaarde dat ik hem zoo lang als hij leeft nooit meer zal vragen naar een godsdienstige meeting te gaan; wanneer hij dus van avond niet getroffen wordt, zal het nooit gebeuren. ", Wel," antwoordde ik, "ik kan hem niet helpen, maar God kan het zeker doen, en dat is de enige hoop." Ik bad God ernstig, dat ik het middel in zijne hand mocht zijn om dien man te bekeren. Terwijl ik preekte keek ik nu en dan naar hem, en zag slechts een harden en spotachtige blik in zijn gelaat. De vrouw had mij doen beloven dat ik naar zijn bank zou komen. Het gevolg was, dat toen hij mij zag aankomen, hij tot zich zelven zeiden: dat is een afspraak tussen mijne tante en den heer Moody. Ik wenste dat ik niet gekomen was, welk een dwaas ben ik geweest!" En zoo gebeurde het, dat terwijl ik zijne tante groette, hij de bank uitging en ik de kans verloor om tot hem te spreken. Het was tien jaren geleden, en ik had het geheel vergeten, toen ik twee jaren geleden te Newcastle in een mijner toespraken een brief voorlas, waarin sprake was van een dergelijk geval in Amerika.

Na de meeting kwam iemand tot mij, die mij vroeg of die man nog in Amerika was. Ik antwoordde: ja, en was verbaasd toen hij zei: "Wat gij daar gelezen hebt, is van mij." Ik vroeg toen: "Gij, hebt gij ooit gedronken?", Ja," zei hij; ik schaam mij te moeten zeggen, dat ik twee jaren geleden een groot dronkaard was. ' ziet daar nu niet waaruit," antwoordde ik. De Heer had hem vernieuwd. Men zou hem niet herkend heb ben. Ik vroeg hem mij te vertellen hoe de Heer hem gezegend had. En dit deed hij. Een jaar nadat hij mij gehoord had, zat hij op zijne kamers in Londen; zijne voeten op de tafel, een pijp in den mond, en meer of min onder den invloed van sterken drank, toen hem plotseling de gedachte trof: "gij behoorde een anderman te zijn." "Dat weet ik," was het inwendig antwoord, maar dat zal ik nooit worden, ik heb het al zoo dikwijls beproefd, maar het gaat niet." "Er is geen hoop voor u," fluisterde de verzoeker, het is onmogelijk." Daarop trof hem een andere gedachte: "Het is onmogelijk bij u, maar niet bij God; bij God zijn alle dingen mogelijk. " De betovering was gebroken. Den volgenden morgen ging hij naar zijn kantoor, en vertelde sommigen zijn vrienden dat hij besloten had een Christen te zijn.

Hij verwachtte tegenstand, maar zij antwoordden eenvoudig: zij hoopten, dat hij er zich aan houden zou. De manier, waarop zij spraken, deed hem vermoeden dat zij niet geloofden dat hij zou volharden. En, "Mijnheer Moody," zei hij, "ik heb nooit weer een droppel sterken drank geproefd, en heb er zoo weinig smaak voor alsof ik dien nooit geproefd had." Zij hadden een bijbel en ik bevond dat die man een der ijverigste Christenen in de stad was. Hij had de gedachte gevat en aangegrepen, dat alle dingen mogelijk zijn bij God, " en was door het geloof in Christus zalig geworden. Zoo was het ook met de arme vrouw, die zovele jaren geleden had. Zij drong en duwde zich door de menigte heen, om dicht genoeg bij Jezus te komen, teneinde zijn kleed aan te raken. Iemand heeft eens gezegd: er was meer genezende medicijn in het kleed van Christus, dan in al de apothekerswinkels in Palestina." Wat de dokters niet konden doen, deed Christus. Het volgende geval was nog hopelozer, want zoals het spreekwoord zegt: zolang er leven is, is er hoop. Deze arme vrouw leefde, hoewel zij zovele jaren ge leden had; maar toen Christus het huis van den overste naderde, kwam een der dienaren naar buiten, zeggen de: Uwe dochter is gestorven; wat zijt gij den Mees ter nog moeilijk?" Dat zag er hopeloos uit, niet waar? Maar de Meester trachtte den overste te ver blijden, en zei: Vrees niet geloof alleenlijk." Ongeloof, welk een vloek welk een vijand is het! Wat zien wij? Christus gaat in de kamer, Hij spreekt, de dode hoort de stem van den Zoon van God, en dat meisje leeft.

Zie den moordenaar aan het kruis. Neer Zodra hij riep, antwoordde de Zaligmaker: "Heden zult gij met Mij in het Paradijs zijn." Er komt een tijd, lieve vrienden, wanneer alleen Christus u kan helpen. Wan uw stervensuur komt, en gij Hem niet aan uwe zijde hebt, dan moet gij die donkere reis alleen onder nemen. Wat zult gij doen in de verheffing der Jordaan zonder Christus? Luistert! Wat zegt de Psalmist? "Al ging ik ook in een dal der schaduwen des doods, ik zou geen kwaad vrezen; uw stok en uw staf, die vertroost ten mij." Ps. 23: 4. Dat God, om Christus wil uwe zielen moge redden, is het gebed mijns harten, en het doel van mijn werk.

# VIII.
# DE FOUT EENS KONINGS.

Lees wat van Josafat geschreven staat in 2 Kron. 17. Hij was, zoals gij weet, een dienstknecht Gods, en had dezelfde vergissing begaan, die Lot begaan had, toen hij de vriend der mensen trachtte te zijn. Onder zijne regering had het koninkrijk de hoogste heerlijkheid bereikt, en nooit stond een koning hoger aangeschreven bij de natie dan Josafat in het eerste jaar zijner regering. In het derde jaar zijner regering koos hij vijf vorsten en negen priesters, die uitgingen en meetings hielden, vs. 9. En zij leerden in Suda, en het wetboek des Heeren was bij hen, en zij gingen rondom in alle steden van Juda, en leerden onder het volk. En een verschrikking des Heeren werd over alle omliggende landen, die rondom Juda waren, dat zij niet krijgen tegen Josafat. En van de Filistijnen brachten zij Josafat geschenken met het opgelegde geld, en overvloed van vee." Maar merk op wat er nu volgt.

Zijn voorspoed bracht hem ten onder. Want wij lezen in het begin van het volgende hoofdstuk, dat hij zich verzwagerde met Achab, die de slechtste man, en zijne vrouw, die de slechtste vrouw op den aardbodem was in dien tijd; en dat toen hij een overeenkomst trof met Achab, den vijand van God, God hem verliet. Hlet was een onheilig verbond, en de toorn Gods was op hem; en de profeet des Heeren bestrafte hem in woorden, die hem door het hart moeten zijn gegaan. In het 2de vers van het 19de hoofd stuk lezen wij: En Jehu , de zoon van Hanani , de ziener, ging uit hem tegen, en zei tot den koning Josafat : Zou gij den goddeloze helpen, en die den Heer haten, liefhebben? Nu is daarom over u van het aan gezicht des Heeren grote toornigheid . " Bovendien huwde Josafats oudste zoon Achabs dochter, die, naar ik onderstel, even slecht was als hare moeder; en dat bracht verderf aan zijne familie. Als moeders verlangen dat hunne dochters rijke mannen trouwen, of zij Christenen zijn of niet, slechts om rijk te worden, vergissen zij zich schromelijk. Als Christus ons met zijn dierbaar bloed gekocht heeft, moeten wij zover mo gelijk van den geest der wereld verwijderd blijven. "0," zeggen de mensen, "dat is zulk een beminnelijk man."

Dat mag zoo zijn, maar lezen wij niet in 2 Cor. 6: Trekt niet een ander juk aan met de ongelovigen; want wat mededeel heeft de gerechtigheid met de ongerechtigheid? En wat gemeenschap heeft het licht met de duisternis? Daarom gaat uit het midden van hen, en scheidt u af, zegt de Heer, en raakt niet aan hetgeen onrein is, en Ik zal u lieden aannemen. En Ik zal u lieden tot een Vader zijn, en gij zult Mij tot zonen en dochteren zijn, zegt de Heer, de Almachtige. " Nu geloof ik, dat deze woorden niet alleen betrekking hebben op ons dagelijks leven en onze zaken, maar op al onzen omgang met onze buren, en voor namelijk op onzen huiselijke kring. Ik geloof niet dat een Christen het recht heeft een onchristelijke vrouw te trouwen. Laat er Christelijke vrolijkheid onder ons zijn; maar de vrolijkheid der wereld zou een Christen doen bevriezen. Sommige mensen ' halen het 17de hoofdstuk van Johannes aan bij dit onderwerp van afscheiding. Ik heb geen tijd dit nu geheel te behandelen, maar ik zal er drie verzen van lezen, vs. 14: "Ik heb hun uw Woord gegeven; en de wereld heeft ze gehaat, omdat zij van de wereld niet zijn, gelijk als Ik van de wereld niet ben. Ik bid niet, dat Gij hen uit de wereld weg neemt, maar dat Gij hen bewaart van den boze. Zij zijn niet van de wereld, gelijkerwijs Ik van de wereld niet ben." Gods volk behoort hier niet. Ons burgerschap is in den hemel. Wij zijn vreemdelingen hier. Christus geeft ons genade om uit de wereld te blijven.

Een schip in het water is geheel iets anders dan water in het schip. Als het water in het schip komt zinkt het. Daarom zou ik tot ieder kind van God willen zeggen: "Houd u zover mogelijk van de wereld verwijderd. Gij erin, laat het dan zijn om er iemand anders uit te trekken." Het was een kwade dag voor Israël, toen zij verlangden naar de vleespotten van Egypte. Zij vergaten de geselslagen der aandrijvers, toen zij dachten aan de knoflook. Als gij mijn raad volgt dan houdt gij u van de wereld af zover gij kunt. Er was een appelboom dicht bij ons huis, toen ik een jongen was; een tak van den boom hing over den weg, en de wet van ons land vergunde eenieder, die daarlangs kwam, de appelen, die over den muur hingen, te plukken. Ik zeg u dat ik nooit een rijpen appel van dien boom heb zien komen; zij waren allen afgeplukt voor ze rijp waren. Er zijn duizenden mensen, die geen besluit tegen de wereld kunnen nemen, omdat zij een juk met haar aangetrokken hebben. Een mijner vrienden had een kanarievogel, die zeer lief zong. Hij had medelijden met het arme dier, omdat het in een kooi opgesloten was, en liet het weg vliegen in de bossen met de mussen; maar spoedig verleerde het diertje zijn schoon gezang en kon slechts sjilpen. Op dezelfde wijze verliezen vele Christenen hunne stem in de wereld, en kunnen zij slechts sjilpen, omdat zij den verkeerden weg zijn gegaan. De mensen, die de wereld ingaan en zich er mede vermengen, om de wereld te winnen, zijn juist degenen, die het meeste kwaad doen.

Nee, heft den standaard des Heeren hoog op! Laat den standaard zakken, en de mensen zullen u niet verlaten. Ik zeg hoe hoger hoe beter, want dan zullen alle valse discipelen wegvallen, en een getal vrienden met de kracht des Heiligen Geesten in hen zal u overblijven. Wij verlangen een beslis te lijn tussen een kind Gods en een kind des toorn, en hoe spoediger die lijn getrokken wordt hoe beter. Een dame vertelde mij eens, dat zij overeen komen was met haren echtgenoot hem eens in de week naar de comedie te vergezellen als hij des Zondags met haar naar de kerk ging. Zij vroeg mij of zij recht had gedaan. Ik antwoordde: "Dat laat ik aan uw geweten Is uw echtgenoot er beter om dat hij met u naar de kerk gaat?" "Neen, ' ' hernam zij, "ik denk erger." Reken erop, zodra de vrouw haar standaard verlaagt, verliest zij allen invloed op haar man. Ik spreek nu eenvoudig tot gelovigen in Christus, dienstknechten van Christus. Ik bied hun slechts iets beters aan dan de comedie; ik begeer volstrekt niet daarheen te gaan, en als de Heere Jezus uw beste vriend wordt, dan zult gij uw best doen Hem te behagen, en Hem de eerste plaats in uw hart te geven. Als Hij in uw hart is zult gij grootere vreugde genieten dan de wereld kan geven; want er is geen vreugde op aarde gelijk die, wanneer men een waar discipel van Christus is. Indien gij vandaag met Hem in gemeenschap komt, dan kunt gij van dag tot overdag met Hem wandelen.

Gij zult dadelijk stijgen, de wereld zal kleiner en nauwer schijnen en God zal u meer nabijkomen. . Henoch leefde in donkerder dagen dan wij, en toch wandelde hij met God; en indien wij slechts met Hem wandelen, dan zal Hij ons aan de fonteinen van levend water leiden. Christenen en de wereld. Helpe God de zijnen, om helder te schijnen in de duisternis, dat de mensen ons mogen kennen dat wij met Jezus zijn, Hand. 4: 13. Maar herinner u dat de wereld het licht haat! Christus was het licht der wereld, en de wereld bluste het uit op Calvarie. Nu heeft Hij zijn volk nagelaten om te schijnen. "Gij zijt het licht der wereld." Hij heeft ons hier gelaten om te schijnen. Hij wil dat wij levende brieven zijn, gekend en gelezen door alle mensen. De wereld is gereed ons te bespieden, en mij te lezen. Als wij niet handelen naar woorden, dan zal de wereld daarover vallen. De wereld vindt vele moeilijkheden in den weg; laat ons, Christenen, toezien, dat wij niet meer struikelblokken in den weg leggen door onzen orchristelijke wandel. God helpe ons om onze lichten brandende te houden, en ze helder te doen schitteren. En u onze 1 Johannes 4: 4 zegt: "Kinderen, gij zijt uit God, en hebt hen over wonnen; want Hij is meerder, die in u is, dan die in de wereld is. " Wanneer ik nu Christus in mij heb, dan zal ik de wereld overwinnen, omdat Hij groter is dan de wereld, en gij weet dat Hij de enige mens een is, die aan het einde van den strijd volkomen overwin naar was.

Hij overwon den dood, het graf, het vlees, de wereld, den duivel, en Hij was overwinnaar over allen. Wanneer ik God in mij heb, dan heb ik de kracht, die zal overwinnen. Als Christus een gestalte in mij gekregen heeft, Hij, de hope der heerlijkheid, dan zal ik de wereld over winnen, omdat Hij groter is dan de wereld, en Hij heeft de wereld overwonnen. Vestig uwe aandacht op vers in den brief aan de Galaten, hoofst. 2: 20: "Ik ben met Christus gekruist; en ik leef, doch niet meer ik, maar Christus leeft in mij; en hetgeen ik nu in het vlees leef, dat leef ik door het geloof des Zoons van God, die mij liefgehad heeft, en zich zelven voor mij overgegeven heeft." Wij staan door het geloof. De enige weg om staande te blijven is door het ge loof. Wij leven niet alleen door het geloof, maar wij staan door het geloof. Door een levend, persoonlijk geloof in Christus staan wij in deze gerechtigheid; en zegt gij mij, dat als wij in Hem staan, Hij ons niet staande kan houden? Onze enige veiligheid is om onze ogen op den Meester gevestigd te houden en dicht bij Hem te blijven. Als gij denkt alleen te kunnen wandelen zonder Hem, dan zal het niet lang duren of gij struikelt. In ons zelven kunnen wij niets doen. Wij zijn zwak in ons zelven, maar o hoe machtig in Hem.

Er is geen ziel hier, die Hij niet kan bewaren en die Hij niet machtig is onberispelijk voor zijnen Vader te stellen, als de ziel slechts gewillig is. "Wij wandelen door geloof, en niet door aanschouwen, " lezen we in 2 Cor. 5: 7. Jakob vertrouwde God zover als hij kon zien. Maar Jozef was een man, die door geloof wandelde. Het is veel beter vrede met God te hebben, al is het dat men hier wat moet lijden, dan gedurig te wandelen door aanschouwen en geen vrede met God te hebben. Ik beklaag u, gij die achteruit zijt gegaan, maar ik moet u zeggen, dat Christus nog meer medelijden heeft met u. Hij weet hoe bitter uw leven is, Hij weet hoe donker uw leven is, en Hij verlangt dat gij tehuis komt. De Vader zal u met blijdschap ontvangen; zeg nu gelijk de verloren zoon: "Ik zal opstaan en tot mijne Vader gaan, en Hij zal u ontvangen."

# IX.

# IETS ZEER DIERBAARS.

Ik herinner mij nog zeer goed de dagen voordat de slavernij afgeschaft werd. Er was toen grote opgewondenheid in Amerika, en een groot vooroordeel tegen de Zuidelijken en de Ieren. Het zag eruit alsof wij een oorlog van stammen zouden krijgen. De Ieren waren zeer bitter tegen de gekleurden, en er was grote ver deeltijd tussen de politieke partijen. De een zijde nam de partij der Ieren, de andere die der negers. In dien tijd hoorde ik een beroemd prediker in Boston preken over het kruis van Christus, die zei: Hij vond een arnien neger aan de een zijde en een armen Ier aan de andere zijde, en het bloed van Christus viel op de drie, en Christus maakte hen één. Dat is het wat het bloed van Christus doet. Het bloed van Christus reinigt ons, en maakt ons allen één.

Alle natiën worden op gelijke wijze in het koninkrijk Gods gebracht, en als wij gered worden, moet het zijn door het bloed, dat gestort is tot verzoening van de zonde. Het bloed heeft tweeërlei roepstem. Het roept om mijne zaligheid of om mijne verdoemenis. Als ik het bloed verwerp en minacht, roept het om mijne verdoemenis. Als ik een schuilplaats zoek achter het bloed, mij onder het kruis plaats en om genade roep, dan roept het bloed om mijn behoud en niet om mijne verdoemenis. In Hebr. 10: 28 lezen wij: "Als iemand de wet van Mozes heeft tenietgedaan, die sterft zonder barmhartigheid, onder twee of drie getuigen, hoeveel te zwaarder straf meent gij, zal hij waardig geacht worden, die den Zoon van God vertreden heeft, en het bloed des Testamenten onrein geacht heeft, waar door hij geheiligd was, en den Geest der genade smaadheid heeft aangedaan?" Wanneer een man een zoon had, die een vraat en een wijnzuiper was, en zijne zonde niet wilde opgeven, gaf hij hem over aan de oversten, die hem onder getuigen stenigden. Dat was de wet van Mozes, en zij stierven zonder barmhartigheid. Hoeveel te zwaarder straf zal hij waardig geacht worden, die den Zoon van God vertreden, Hem geminacht heeft? Wanneer nu een man dien weg inslaat, en het enige aanbod van genade en de enige hoop op zaligheid verwerpt, wat wordt er dan van hem? Want wij lezen duidelijk: "Er is geen andere naam onder den hemel den mensen gegeven, door welken wij kunnen zalig worden."

Er is geen andere weg dan zijn weg. Wij kunnen van verschillende kanten naar een stad komen; maar er is maar één weg naar de hemelse stad. Jezus zegt: "Ik ben de weg, de waarheid, en het leven. Niemand komt tot den Vader dan door Mij." Het verbaast mij soms de mensen te horen zeggen: Nu dat is uw weg, en dat is de mijne, gij hebt het recht uwen weg te kiezen en ik heb het recht mijnen weg te kiezen " — alsof een mens werkelijk te kiezen had. Wij moeten Gods weg inslaan. De mens moet zijn eigen weg opgeven en Gods weg inslaan. Als wij ooit het koninkrijk Gods zullen zien, als wij ooit zullen wonen in die stad, wier kunstenaar en bouwmeester God is," moeten wij den weg inslaan, dien Jezus voor ons geopend heeft. Hij heeft een verschenen levenden weg geopend. Hij is op aarde ge komen om den weg naar het Paradijs te wijzen, en Hij verlangt dat wij Hem geloven; en als wij Hem aannemen als onzen oversten Leidsman zal Hij ons veilig tot den Vader terugbrengen. Het 19de vers van Hebr. 9 zegt: "Dewijl wij dan, broeders, vrijmoedigheid hebben, om in te gaan in het heiligdom, door het bloed van Jezus, op een verschenen levenden weg, welken Hij ons ingewijd heeft door het voorhangsel, dat is, door zijn vlees." Gij herinnert u, dat toen Hij stierf het voorhangsel van boven tot onder scheurde, niet van onderen naar boven, maar van boven af. En hoe vreemd moet dat geschenen hebben in Jeruzalem, toen het nieuws verspreid werd dat het voorhangsel gescheurd was.

Het was het heilige der heiligen; en slechts een man ging daarin. Eens in het jaar nam de hogepriester bloed en ging in het heilige der heiligen; maar zodra de Zoon van God aan het kruis stierf, scheurde het voorhangsel van boven tot onder, en nu kan eenieder ingaan. Tevoren was het de dood als men daarin ging, nu is het de dood wanneer men er niet ingaat. De enige weg ten leven. Dat is het wat Christus volbracht toen Hij aan het kruis stierf. Hij opende, een verschenen levenden weg." Tevoren moest de Hoogepriester ingaan en voor ons bidden.

Goddank, wij hebben nu geen hogepriester meer nodig. Zodra een mens Jezus Christus aanneemt, is Hij zijn Profeet, Priester en Koning. Hij heeft toegang tot den raad van den Eeuwige, en kan in de tegenwoordigheid van God gaan. Ik kan nergens in het Nieuwe Testament vinden, dat iemand tot de priesters ging, behalve Judas, en hij verhing zich. Hij won niet veel bij dat bezoek. In Hebr. 9: 22 lezen wij: "En alle dingen worden bijna door bloed gereinigd naar de wet, en zonder bloedstorting geschiedt geen vergeving." Zonder bloedstorting geen vergeving. Wanneer gij nu de verzoening op zijde zet, hoe kunt gij dan verwachten vergeving te ontvangen? Wij spreken over God als de zonden vergevende, maar men moet één ding onthouden: in zekeren zin vergeeft God nimmer. Als Jezus Christus geen verzoening heeft gedaan voor mijne zonden, wat wordt er dan van mij?

Is er iets in dit ons onreine lichaam, dat verzoening kan doen over onze zonden? Als ik dit niet heb, hoe kan dan mijne zonde vergeven worden? , Zonder bloedstorting geschiedt geen vergeving." Hebr. 9:22. Een oud man, die stervende was, verzocht zijne vrienden hem het Boek te brengen; zij vroegen hem: welk boek? " en hij zei: Er is maar één Boek. Zij brachten hem het boek, en hij zei: "Sla den eersten brief van Johannes op." Zij deden het, en gaven het hem, maar hij kon het niet lezen. Hij zei: Leg mijnen vinger op het 7de vers van het 1ste hoofdstuk." Zij legden zijnen vinger erop, en hij zei: "Ik sterf in het geloof van wat daar geschreven staat –, het bloed van Jezus Christus, zijnen Zoon, reinigt ons van alle zonden." Hij had vijftig jaren in het Evangelie geloofd, maar in dat ogenblik van sterven geloofde hij niet in wat hij gedaan had in zijn leven, maar hij vertrouwde op het bloed van Jezus Christus. Lieve vrienden, ik geloof dat de ure komt voor eenieder onzer, dat dit bloed dierbaarder zal zijn dan al het andere in de wereld; en als wij het heden in dit licht bezien, dan moet het ons nu boven alles dierbaar zijn. Zoals iemand eens gezegd heeft: "Het bloed van Christus tot reiniging, het hart van Christus ter verwelkoming, en de Heilige Geest ter verzekering.", "Zij hebben overwonnen door het bloed des Lams, en door het woord hunner getuigenis." Openb. 12: 11. Ik ge loof dat er niets is in de wereld, dat Satan meer haat aan het bloed van Jezus Christus.

Hij weet dat zodra een zondaar bescherming vindt in het bloed, hij buiten zijn bereik is, hij kan hem niet bereiken, hij is gered. De mensen mogen zovele drogredenen gebruiken als zij willen, het bloed zal over elke vijand triomferen. Het is slechts een kwestie van tijd. Van Juliaan , de grote afvallige, wordt verteld, dat hij dodelijk gewond werd in den strijd tegen het Christendom. Hij trok den pijl uit de wonde, en wierp een handvol bloed naar den hemel, zeggende: Gij Galileeër, Gij hebt overwonnen." Ondanks al die ruwe godloochenaars en hen, die tegen het Boek schrijven, blijft het waar: "Zij hebben hem overwonnen door het bloed des Lans en door het woord hunner getuigenis." Als gij niet bouwt op het voltooide werk van Christus, en op wat Hij gedaan heeft, waar bouwt gij dan op, lieve vrienden? Gij bouwt op zand, en wanneer de tijd komt, en uw fundament beproefd wordt, als het niet gelegd is op den voornaamste hoeksteen, die in Zion is gelegd, zal al uwe hoop verdwijnen, en het huis, dat gij gebouwd hebt, instorten. "Die van elders inklimt is een dief en een moordenaar." Joh. 10 : 1. In 1 Petr. 1 : 18 lezen wij : "Wetende dat gij niet door vergankelijke dingen, zilver of goud, verlost zijt uit uw ijdele wandeling, die u van de vaderen overgeleverd is, maar door het dierbaar bloed van Christus, als van een onbestraffelijk en onbevlekt Lam ; dewelke wel voorgekend is geweest voor de grondlegging der wereld, maar geopenbaard is in dezen laatsten tijd om een uwentwil , die door Hem gelooft in God, welke Hem opgewekt heeft uit de doden, en Hem heerlijkheid gegeven heeft, opdat uw geloof en hoop op God zijn zou ."

In die brief zijn zeven dingen, die dierbaar genoemd worden. Waarom is het bloed dierbaar? Het is dierbaar, omdat het onze zonden uitwist; het is dierbaar, omdat het ons nabij God brengt; het is dierbaar, omdat het ons in gemeenschap brengt met den Vader en den Zoon, daarom is het zeer dierbaar; het is dierbaar, omdat de vrede brengt. – 0! Welk een vreugde en vrede wanneer de mens ziet dat de zonde weggenomen is door Christus Jezus; dat het bloed verzoening heeft gedaan over de zonde, en dat zijne zonden bedekt zijn. Het is dierbaar, omdat het hem vrijmoedigheid geeft man gereinigd door het bloed van Christus is vrijmoedig, een man, die gerechtvaardigd is, wie zal beschuldiging tegen hem inbrengen? Zal God het doen, die hem gerechtvaardigd heeft? Zal Christus het doen, die voor hem gestorven is? Het is dierbaar, omdat het ons verlost van den vloek der wet. Gij weet dat gij enige dingen hebt, die u zeer dierbaar zijn. Een klein aan denken, een herinneringsteken. Misschien zijn er hier, die een bijbel bezitten hun door een stervende moeder of geliefde vrouw gegeven. Sommigen uwer hebben ringen aan de vingers, die u dierbaarder zijn dan zilver of goud. Het is echter niet hun stoffelijke waarde; als zij bij opbod verkocht werden, zouden zij misschien niet veel opbrengen; maar gij zou er niet gaarne van scheiden.

Een moeder, enigen tijd geleden, had een zoon, die naar Californië vertrok; de gele koorts heerste daar, hij werd erdoor aangetast en stierf. Iemand zond haar een lok van zijn haar. De brief, waarin dit gezonden werd, had zij letterlijk stuk gelezen, zodat er niets overbleef dan die weinige haren. Dit was zeer weinig, maar voor haar zeer dierbaar. En nu wilde ik u daarop wijzen: Het enige, dat Christus in de wereld heeft gelaten, is zijn bloed. – Zijn lichaam voer verheerlijkt op, maar het bloed, dat van zijne handen en voeten en zijde langs het kruis druppelde, liet Hij hier beneden; en gij en ik hebben ons voor God te verantwoorden wat wij met dat bloed gedaan hebben. Hij heeft het hier gelaten, om ons van zonden te reinigen; Hij heeft het hier gelaten, om verzoening te doen over de zonde, en het moet ons boven alles dierbaar zijn. Is het niet dierbaar? Zoo niet, make God het dan dierbaar voor een iegelijk onzer!

## X.

## EEN MOEIELIJKE VRAAG.

"Wat zult gij zeggen, wanneer Hij bezoeking over u doen zal?" Jer. 13: 21a. Ten tijde van dezen profeet had de natie zich van God afgekeerd. Zij waren afgedwaald en velen maakten zich aan afgoderij schuldig. Velen hadden zich voor Baäl gebogen; voordat God hen strafte gaf Hij hun dezen profeet, om over hen te treuren, en er was nooit een beter prediker dan Jeremia. Niemand kon getrouwer geweest zijn dan deze profeet was; en ik geloof dat God alle mensen waarschuwt, eenieder zijne gelegenheid geeft, en voordat Hij hen straft hen waarschuwt voor het toekomend oordeel en de toekomende straf. Maar deze lieden zeiden: Wie is God, dat wij Hem zouden gehoorzamen?" Bijna dezelfde taal, die de koning van Egypte gebruikte, toen Mozes tot hem ging om de kinderen Israëls uit de gevangenschap te brengen. · In het zesde hoofdstuk van ditzelfde boek vinden wij, dat zij zeggen: „Wij willen niet in de oude paden wandelen;" wij willen niet den God onzer vaderen.

Zij wierpen zijn. Juk af, en God gaf hun dezen profeet, om hen te waarschuwen en met hen te pleiten en te trachten hen terug te brengen op het rechte pad. Maar ik wil niet zozeer over de Joden spreken, of over den profeet, maar u dringend de vraag voorleggen: Wat zult gij zeggen? " en laat ons persoonlijk die vraag beschouwen . -, Wat zult gij zeggen, wanneer Hij bezoeking over u zal doen?" Zult gij zeggen dat gij nooit gewaarschuwd werd? Is hier een man of vrouw, die niet gedurig gewaarschuwd is? Zijt gij niet gewaarschuwd door liefhebbende vrienden? En hebt gij het Boek niet opgenomen en waarschuwing na waarschuwing gelezen? Hebt gij niet meer dan eens gelezen, dat God geen lust heeft in den dood des zondaars? Staat het niet op iedere bladzijde der Schrift geschreven dat God zoekt den mens te redden? Zult gij zeggen, wanneer gij voor God staat, dat gij nooit genodigd zijt? Is er een man hier, die niet genodigd is tot de bruiloft des Lams? Zoo dit waar is, dan nodigen wij u nu uit, en gij zult die verontschuldiging niet hebben. "Komt, want alle dingen zijn nu gereed." Komt allen, komt! De Geest en de bruid zeggen: kom! En die het hoort zegge: kom! En die dorst heeft, kome; en die wil, neme het water des levens om niet. " Openb. 22: 17. Hier is een roerende uitnodiging: "Komt herwaarts tot Mij allen, die vermoeid en belast zijt, en Ik zal u ruste geven." Matth. 11: 28. Zult gij zeggen dat gij wilde gered worden, maar niet konden? Zult gij zeggen dat gij tot God geroepen hebt, maar dat Hij niet hoorde?

Lieve vrienden, niemand zal voor Gods rechterstoel staan en die beschuldiging tegen God inbrengen, want zijn Woord hebben wij, dat als wij roepen Hij zal antwoorden. Hij heeft beloofd te horen, en Hij zal zijn woord hou den? Wanneer gij Hem met uw gehele hart zoekt dan zult gij Hem vinden. De vloek van dezen tijd is, naar ik geloof, de flauwhartigheid in godsdienstige zaken. Er is niemand hier, die, wanneer hij het koninkrijk Gods met zijn ganse hart zoekt, het niet zal vinden. Het zal in hem bevestigd worden als hij het zoekt. Als hij ernstig tot God om genade smeekt, zal hij het ontvangen. Laat mij u een paar verzen uit Rom. 10 voorlezen, beginnende met het 9de vers: "Indien gij met uwen mond zult belijden den Heere Jezus, en met uw hart geloven, dat Hem God uit de doden opgewekt heeft, zoo zult gij zalig worden. Want met het hart gelooft men ter rechtvaardigheid, en met den mond belijdt men ter zaligheid. Want de Schrift zegt: een iegelijk, die in Hem gelooft, zal niet beschaamd worden. Want er is geen onderscheid, noch van Jood, noch van Griek; want eenzelfde is Heer van allen, rijk zijnde over allen, die Hem aanroepen." Luistert nu: want een iegelijk, die den naam des Heeren zal aan. roepen, zal zalig worden." Luistert: "Roep Hem aan terwijl Hij nabij is." Is Hij nu nabij? Is hier iemand, die twijfelt dat God nabij is? Is Hij niet in uwe omgeving van vrienden gekomen en heeft een hunner gered? Is niet iemand in uwe familie gered?

Nu, dan is Hij nabijgekomen. Smeek om genade en gij zult die ontvangen. Gij zult niet kunnen zeggen, wanneer gij voor Hem staat, dat Hij nooit nabij u kwam, dat gij anders tot Hem zou geroepen hebben. Gij zult niet zeggen: ik had geen uitnodiging. Gij zult dat niet zeggen. Gij zult geen verontschuldiging hebben. Gij zult geen woord kunnen inbrengen. Laat mij verder lezen., Hoe zullen zij dan Hem aanroepen, in welken zij niet geloofd hebben? En hoe zullen zij in

Hem geloven, van welken zij niet gehoord hebben? En hoe zullen zij horen, zonder die hun predikt? En hoe zullen zij prediken, indien zij niet gezonden worden? Gelijk geschreven is: Hoe liefelijk zijn de voeten der genen, die vrede verkondigen, degene, die het goede verkondigen? Doch zij zijn niet allen het Evangelie gehoorzaam geweest; want Jesaja zegt: Heere! Wie heeft onze prediking geloofd? Zoo is dan het geloof uit het gehoor, en het gehoor door het Woord Gods." lieve vrienden, herinnert u, dat gij God kunt aanroepen en zalig kunt worden. Misschien zegt een uwer: ik kan niet geloven. Gij kunt dit tot uwen buurman of tot mij zeggen, maar gij kunt niet in de tegenwoordigheid van God staan en zeggen dat gij zijn Evangelie niet kondt geloven. Dat zou God tot een leugenaar van zijn Woord maken. Heeft God ons enigen grond voor ons ongeloof ge geven? Heeft God ooit zijne beloften gebroken? Heeft Hij zijn Woord niet vervuld aan Abraham? Heeft Hij En nu zijn Woord niet vervuld aan Mozes?

Heeft Hij zijn Woord niet vervuld aan Joshua? Heeft Hij zijn Woord niet vervuld aan David? En is Hij niet goed geweest voor zijn Woord jegens patriarchen en profeten'? En achttienhonderd jaren lang hebben duivel en mensen gedaan wat zij konden om Gods Woord te breken, maar zij kunnen het niet doen. Het Woord van God is waar. Als ik op Gods Woord niet kan bouwen, waarop kan ik dan bouwen? Het enige veilige, waar op wij voor de eeuwigheid kunnen bouwen, is het Woord van God. Als God ooit zijne belofte gebroken had, dan zouden de mensen een verontschuldiging hebben, en konden zij zeggen: Ik had een goede reden om niet te geloven, want God heeft bewezen onwaar te zijn. Wanneer een man tegenover mij gelogen, mij bedrogen heeft, misbruik van mijn vertrouwen heeft gemaakt, heb ik goede reden om hem niet te geloven. Maar niet voordat een man dat gedaan heeft, heb ik het recht om te zeggen: "ik vertrouw hem niet!" vindt gij mensen, die de beloften Gods getoetst hebben, die God jarenlang gekend hebben, en zij hebben ver trouwen in Hem. Waarom? Omdat Hij allen, die in Hem geloofden, bewezen heeft getrouw te zijn in alles, wat Hij beloofd heeft. Gij kunt op uw eigen woord niet vertrouwen, want gij zijt tegenover u zelven niet waar geweest. Gij kunt niet op de beloften van anderen bouwen.

Lieve vrienden, als gij slechts met een en zo oprecht hart God wilt aanroepen, en geloven dat God zal doen wat Hij beloofd heeft te doen, dan zal Hij u niet teleurstellen, en gij zult zalig worden; en als gij dat niet doet, wat zult gij zeggen wanneer bezoeking over u zal komen? " Dat is het wat ik u dringend afvraag: Wat zult gij zeggen wanneer Hij bezoeking over u zal brengen?" Zult gij zeggen: ik kende den weg niet. Is hier een man, die kan zeggen: Ik weet niet hoe ik zalig moet worden? " Zoo ja, dan zal ik u vertellen hoe gij zalig kunt worden: Geloof dat God zal doen wat Hij beloofd heeft. Eigen u de beloften Gods toe, neem ze aan in het geloof. Als gij stond voor Hem, die gezegd heeft: "Ik ben de weg, de waarheid en het leven," zou gij dan oprecht kunnen zeggen: "Ik ken den weg niet." Jezus Christus is hierbeneden in deze donkere woestijn geweest, en als wij Hem volgen dan zijn wij op den rechten weg. Hij heeft ons den weg geleerd. "Ik ben de weg, de waarheid, en

het leven, niemand komt tot den Vader dan door Mij."
"Indien iemand mijn discipel wil zijn, hij neme zijn kruis op en volg Mij." Ik geloof dat de moeilijkheid is, niet dat de mensen den weg niet kennen, maar dat zij niet verlangen te wandelen in den weg, en het kruis niet willen opnemen. Dat is de grootste moeilijkheid. De weg ten hemel is recht, zoo recht dat niemand behoeft te dwalen. Maar midden op den weg staat een kruis; wanneer gij daar omheen loopt, of het voorbij loopt, dan blijft gij in de duisternis.

Het enige, dat gij te doen hebt, is het op te nemen en God te volgen, en dan zal ook de kroon u geworden. Als gij het kruis opneemt, dan vindt gij Christus daar. Gij ont moet Hem op de plek van zelfovergave. Ik heb nog nooit een man ontmoet, die gewillig was zich geheel aan den Heer te geven, die niet gezegend werd. Ik weet niet wat uw kruis kan zijn; de een heeft een ander kruis dan een ander. Misschien is uw kruis te getuigen voor den Heer. Zeker is het dat uw wil moet gebroken worden. Dit is een moeilijk ding, maar zodra de wil overgegeven is, wordt het juk zacht en de last licht. Moge God iedere wil hier breken, en moogt gij allen uw kruis opnemen en den Zoon van God volgen. Het is niet hard, wanneer gij maar gehoorzaamt. En dit is het, wat Hij verlangt: eenvoudige gehoorzaamheid. Misschien zegt ge: "daar heb ik geen lust in." Wij moeten vele dingen doen, die we liever niet doen. Toen ik een kleine jongen was, liet mijne moeder mij allerlei doen, dat ik niet gaarne deed, maar ik moest gehoorzamen. "Wat zult gij zeggen, wanneer Hij bezoeking over u zal brengen?" Zult gij zeggen, dat gij Hem niet konden dienen, dat gij Hem niet konden volgen, dat gij zijn kruis niet konden opnemen? Gij weet, dat is niet waar. God beveelt ons niet iets te doen en straft ons om dat wij het niet konden doen.

En God beveelt een iegelijk onzer ons te bekeren en ons tot Hem te wenden. Sommigen uwer zeggen: "Ik wacht op den Geest, en wanneer ik voor den rechterstoel sta, zal ik zeggen, dat de Geest nooit met mij gestreden heeft." Ik geloof niet dat er een man hier is, met wie de Geest van God niet meer of minder geworsteld heeft! Luistert: Hebt gij ooit in uw leven geweten, dat gij een zondaar waart? Waart gij ooit overtuigd dat gij een zondaar waart? Velen uwer zeggen: „Ik ben daarvan dikwijls overtuigd geweest." Dat was het werk des Geesten. Satan zal u dat nimmer vertellen. Uw eigen ongelovig hart zal u dat nimmer vertellen. Wanneer Hij komt, dan zal Hij de wereld overtuigen van zonde." Neen, niemand hier zal ooit kunnen zeggen: ik verlangde een Christen te worden, maar de Geest heeft mij nooit ge trokken, de Geest heeft nooit met mij geworsteld. Hebt ge nooit in de kerk ondervonden, dat de tekst, waarover de leraar predikte, u deed zien welk een ellendig zondaar gij waart? Nu, dat is het werk van den Geest. Heeft uwe moeder nooit met u gepleit, toen gij nog een jongen waart? Heeft uw vader nooit met u gesproken zodat gij voelde dat gij een Christen moest worden? Dat is de werking van Gods Geest. Als de mensen daar aan gehoor gaven, dan zouden zij het koninkrijk der hemelen ingaan. Christus roept u, Hij wil u vergeven en u zalig maken. Hij stierf daarvoor. Gelooft in Hem, geeft u zelven aan Hem, en gij zult voor eeuwig zalig worden.

## XI.

# BEKEERING EN HERSTELLING.

"God verkondigt allen mensen al om dat zij zich bekeren." Bekering is een der grondleerstellingen van den Bijbel. Toch geloof ik dat zij een dier waarheden is, die vele mensen weinig verstaan. Er zijn tegenwoordig meer mensen in het donker omtrent berouw, wedergeboorte, verzoening en zulke grondwaarheden, dan over enige andere leerstelling. En toch hebben wij er van onze vroegste jeugd over horen spreken. Als ik een beschrijving zou vragen van bekering, zouden velen daarvan een vreemd en vals denkbeeld geven. Een mens is niet bereid te geloven, het Evangelie te geloven of te ontvangen, tenzij hij gereed is zich te bekeren van zijne zonden. Voordat Johannes de Doper Christus ontmoette, had hij één tekst: Bekeert u, want het koninkrijk der hemelen is nabijgekomen. ." (Matth. 3: 2.)

Maar als hij niet ver der gegaan was dan deze woorden, en de mensen niet op Christus, het Lam Gods, gewezen had, dan zou hij niet veel volbracht hebben. Toen Christus kwam, liet Hij dezelfde roep der woestijn horen: "Bekeert u, want het koninkrijk der hemelen is nabijgekomen." Matth. 4:17. En toen onze Heer zijne discipelen uitzond, was het dezelfde boodschap, "dat de mensen zich zouden bekeren," Mark .6:12. Nadat Hij verheerlijkt was, en toen de Heilige Geest neerkwam, deed Petrus op den dag van Pinksteren dezelfde taal horen: "Bekeert u!" Het was dit prediken Bekeert u en gelooft – dat zulke verwonderlijke uit komsten had (Hand. 2: 38-47). En wij weten dat Paulus te Athene hetzelfde uitriep: "God verkondigt nu allen mensen alom, dat zij zich bekeren." (Hand. 17: 30.) Wat is bekering? Voordat ik zeg wat bekering is, wil ik kortelijk zeggen wat het niet is. Bekering is niet vrees. Vele mensen hebben deze twee verward. Zij denken dat zij verschrikt moeten worden, en wachten of er een soort van vrees over hen komt. Maar o zovelen worden ongerust, die zich niet waarlijk bekeren. Gij hebt weleens gehoord van mensen, die op zee waren in een vreselijke storm. Misschien waren zij zeer grote spotters geweest, maar toen het gevaar kwam, werden zij plotseling zeer bedaard, en begonnen zij tot God te roepen om genade.

Maar toch zou gij niet zeggen dat zij bekeerd waren. Toen de storm voorbij was, begonnen zij weer te zweren en vloeken als vroeger. Gij zou kunnen denken dat de koning van Egypte zich bekeerde, toen God de vreselijke plagen over zijn land zond. Maar het was vol strekt geen bekeering. Zodra Gods hand weggenomen was, werd Farao's hart harder dan het ooit geweest was. Hij bekeerde zich van geen enkele zonde; hij bleef dezelfde man. Daar was dus geen waar berouw. Dikwijls wanneer de dood in een gezin komt, schijnt het alsof deze gebeurtenis geheiligd zal worden door de bekering van allen in dat huis. Toch kan alles in zes maanden tijds weder vergeten zijn. Misschien hebben sommigen van hen, die dit lezen, dit onder vonden. Toen Gods hand zwaar op hen was, scheen het alsof zij zich gingen bekeren, maar is de beproeving voorbij, dan gaat de indruk ook voorbij. Berouw is ook geen gevoel. Vele mensen wachten op een soort gevoel. Zij zouden zich gaarne tot God keren; maar zij denken dat dit niet gaat voordat dit gevoel komt. Toen ik te Baltimore was, preekte ik elke Zondag in de gevangenis voor negenhonderd veroordeelden. Er was daar bijna niemand, die zich niet ellendig voelde; er was gevoel genoeg. De eerste acht of tien dagen weenden velen bijna zonder ophouden.

En toch, toen zij vrijgelaten werden gingen de meesten weder den ouden weg op. De zaak was, dat het hun erg speet, dat zij gevat waren, dat was alles. Menigeen heeft genoeg gevoel getoond gedurende het verhoor, maar dikwijls was het omdat hij in moeilijkheid was gekomen, niet omdat hij zonde bedreven had, of omdat zijn geweten hem zei, dat hij gedaan had wat kwaad was in de ogen van God. Het scheen alsof er een ware bekering op zou volgen, maar het gevoel gaat maar al te dikwijls voorbij. Bekering is ook geen vasten of zelf kastijding. Een man kan weken en maanden vasten zonder zich van een enkele zonde te bekeren. Ook is het niet berouw. Judas had vreselijk berouw – genoeg om zich te gaan verhangen, maar dat was geen bekeering. Ik geloof dat als hij naar zijnen Heer was gegaan, op zijn aan gezicht was gevallen en zijne zonde beleden had, hij vergeving zou hebben bekomen. In plaats daarvan ging hij naar de priesters, en maakte toen een einde aan zijn leven. Men kan alle soorten van boete doen, maar daar is geen bekering in. Onthoudt dat. Gij kunt niet aan Gods eisen voldoen door de vrucht van uw lichaam aan te bieden voor de zonden uwer ziel. Bekering is niet overtuiging van zonde. Dit moge vreemd klinken voor sommige mensen. Ik heb mensen gezien, die zoo diep overtuigd waren van zonde, dat zij des nachts niet konden slapen; het eten smaakte hun niet. Zij bleven maanden in zulk een toestand; en toch werden zij niet bekeerd, zij bekeerden zich niet waarlijk.

Verwart de overtuiging van zonde niet met berouw. Bidden is ook niet bekeering. Dat klinkt misschien ook vreemd. Vele mensen, wanneer zij bekommerd worden over het heil hunner ziel, zeggen: "Ik zal bidden en den bijbel lezen," en menen daardoor den verlangden uitslag teweeg te brengen. Maar daardoor komt het niet. Gij kunt den bijbel lezen, en veel tot God roepen, en u toch nooit bekeren. Vele mensen roepen luide tot God, en bekeren zich toch niet. Bekering is ook niet met een zonde breken. Menig een vergist zich daarin. Een man, die een dronkaard geweest is, verpandt zich dit niet meer te doen; doch één zonde af te breken is niet bekeering. Een ondeugd te verzaken is gelijk het afkappen van een tak van een boom, waar de boom geheel moest omgehouwen worden. Een profanen houdt op met vloeken en zweren, goed; maar als hij niet elke zonde aflegt is het niet bekering is het niet het werk van God aan zijne ziel. Wanneer God werkt houwt Hij den gehelen boom om. Hij wil dat een man zich van zijne zonde afkeert. Onderstel dat ik op zee ben, en bemerk dat het schip op drie of vier plaatsen lekt. Wanneer één gat stop, geeft het niets, het schip gaat in de diepte. Of, onderstel dat ik op drie of vier plaatsen gewond ben, en slechts voor een wond een geneesmiddel krijg, terwijl de andere twee of drie veronachtzaamd worden, dan zal het spoedig met mijn ik nu leven gedaan zijn.

Ware bekering is niet maar het afleggen van deze of gene zonde. Maar wat is dan bekering? vraagt gij. Het is zich omkeren. In de Ierse taal betekent het zelfs nog iets meer, het sluit in dat een man, die in een richting gewandeld heeft, zich niet alleen omkeert, maar nu in de geheel tegenovergestelde richting wandelt. "Bekeert u, bekeert u, want waarom zou gij sterven?" Een man moge veel of weinig gevoel hebben, maar als hij zich niet van zijne zonden afkeert, zal God hem geen genade schenken. Bekering is ook beschreven als een verandering van gedachten. Bijvoorbeeld in de gelijkenis van den man, die twee zonen had, Matth. 21: 28. Hij zei tot den een: zoon, ga heden in mijn wijngaard, en hij weigerde; nadat hij geweigerd had het te doen, kwam hij tot andere gedachten. Misschien zei hij tot zich zelven: "Ik heb niet zeer eerbiedig tot mijn vader gesproken, hij vroeg mij te gaan werken, en ik zei dat ik niet wilde; ik heb verkeerd gedaan." Maar onderstel dat hij dit alleen maar gezegd had, en niet was gegaan, dan was hij niet bekeerd. Hij was niet alleen overtuigd dat hij verkeerd was, maar hij ging in het veld zaaien, of maaien, of wat er te doen was. Dat is de wijze, waarop Christus de bekering omschrijft. Wanneer iemand zegt: Door Gods genade wil ik mijne zonde ver zaken, en zijn wil doen," dat is bekering een omkeren. Iemand heeft eens gezegd: de mens is geboren met zijn geloof van God afgekeerd. Wanneer hij zich waar. Lijk bekeert dan wordt hij tot God bekeerd, dan wordt hij tot God gekeerd, hij verlaat zijn oude leven.

## XII.

# DE GEBEDEN IN DEN BIJBEL.

Was een Zij, die den meest blijvende indruk op deze door de zonde vervloekte aarde gemaakt hebben, zijn mannen en vrouwen des gebed geweest. Het gebed is een kracht, die niet alleen God bewogen heeft, maar ook den mens. Abraham man des gebed, en engelen kwa men om met hem te spreken. Jakobs gebed werd verhoord in die heerlijke ontmoeting te Pniël, waarvan de uitkomst was, dat hij zulk een groten zegen ontving en dat het hart van zijn broeder Ezau verzacht werd; het kind Samuel werd in antwoord op Hanna's gebed gegeven; Elia's gebed sloot de hemelen drie jaren en zes maanden, en hij bad weder, en de hemelen gaven regen. De apostel Jakobus zegt ons, dat Elia een man was van, gelijke bewegingen als wij ". Ik ben dankbaar, dat deze mannen en vrouwen des gebed gelijk wij waren. Wij komen er licht toe om te denken, dat die profeten en machtige mannen en vrouwen vanouds verschillend waren van wat wij zijn.

Het is zeker dat zij in een veel donkerder eeuw leefden dan wij, maar zij waren van gelijke bewegingen als wij. Wij lezen dat bij een andere gelegenheid Elia vuur van den hemel neder bracht op den berg Karmel. De profeten van Baäl riepen lang en luid, maar er kwam geen antwoord. De God van Elia hoorde en beantwoordde zijn gebed. Laat ons er om denken, dat de God van Elia nog leeft en dat wij dezelfde toegang tot Hem hebben die Elia had. Wij hebben dezelfde bevoegdheid om tot God te gaan en Hem te vragen, vuur van den hemel te zenden om onze lusten en hartstochten te verteren en Christus in ons te laten schijnen. Eliza bad en het leven kwam weder in een dood kind. Vele van onze kinderen zijn dood in de zonden en misdaden. Laat ons doen wat Eliza deed; laat ons God smeken om hen in antwoord op ons gebed op te doen rijzen. Manasse de koning was een goddeloos man, en had alles gedaan wat hij kon tegen den God zijns vaders; en toch, toen hij in Babylon riep tot God, werd zijn geroep verhoord en werd hij uit de gevangenis genomen en op den troon te Jeruzalem gezet. Wanneer God het gebed van den goddelozen Manasse verhoorde, zal Hij ongetwijfeld het onze verhoren in den tijd van nood. Is het nu niet een tijd van angst en nood voor velen? Zijn er niet zeer velen onder ons, wier harten men bezwaard zijn?

Als wij tot den troon der genade komen, laat ons dan ons herinneren, dat God het gebed verhoort. Let op Simson. Hij bad en zijn sterkte kwam terug, zodat hij er meer in zijn dood sloeg dan in zijn leven. Hij was teruggekeerd van zijne afdwalingan, en hij had kracht bij God. Als zij, die achteruit zijn gegaan, slechts tot God wilden terugkeren, dan zouden zij zien, hoe spoedig God het gebed verhoort. Job bad, en zijn toestand verkeerde. Het licht kwam in de plaats der duisternis en God verhief hem boven zijn vroegere voorspoed - in antwoord op het gebed. Daniël bad tot God en Gabriël kwam hem vertellen, dat hij zeer gewenst was bij God. Driemaal kwam die boodschap tot hem in antwoord op het gebed. De geheimen der hemelen werden hem medegedeeld, en hem werd gezegd dat de Zoon van God afgesneden zou worden om de zonden van zijn volk. Cornelius bad ook en Petrus werd tot hem gezonden met woorden, waardoor zijne ziel en die van zijn gezin gered werden. In antwoord op het gebed kwam deze grote zegen tot hem en de zijnen. Petrus was naar het dak van het huis gegaan om te bidden, toen hij dat grootse visioen had, waarin het laken van den hemel werd neergelaten. De engel werd gezonden om Petrus te verlossen, toen er een gedurig gebed voor hem werd opgezonden.

En zo vinden wij de gehele Schrift door, dat, waar gelovig gebed tot God opging, het antwoord neerkwam. Ik denk dat het een zeer belangrijke studie zou zijn, den gehelen Bijbel door te gaan en te zien wat gebeurde, terwijl Gods volk op de knieën lag om Hem aan te roepen. Misschien zou de studie daarvan ons geloof zeer versterken, wanneer we zagen, hoe wonderlijk God verhoord en verlost heeft, wanneer het geroep om hulp tot Hem opging. Zie Paulus en Silas in de gevangenis te Filippi. Terwijl zij baden en zongen, werd de plaats heen en weder bewogen, en de gevangenbewaarder werd bekeerd. Waarschijnlijk heeft deze een bekering meer gedaan om de mensen in het Koninkrijk Gods te brengen, dan enige andere,' waarvan melding gemaakt wordt. Hoeveel zijn gezegend door een antwoord te zoeken op de vraag: Wat moet ik doen om zalig te worden ?! Het was het gebed van de twee godvruchtige mannen, dat den gevangenbewaarder op de knieën bracht en dat een zegen aan hem en zijn gezin schonk. Herinner u, hoe Stefanus, terwijl hij opzag en bad, de hemelen geopend en den Zoon des mensen ter rechterhand Gods zag; het licht des hemels viel op zijn aangezicht, zodat het blonk. Herinner u ook, hoe het aangezicht van Mozes blonk, toen hij van den berg Sinaï kwam; hij was in gemeenschap met God geweest.

Wanneer wij dus waarlijk in gemeenschap met God komen, dan verheft Hij zijn aanschijn over ons; en in plaats van treurig te zijn, zullen onze aan gezichten blinken, omdat God onze gebeden gehoord en geantwoord heeft. Ik verlang in het bijzonder uw aandacht te vestigen op CHRISTUS in de zaak des gebed . Hij was voor ons in alles een voorbeeld; in niets meer dan in het gebed. Wij lezen, dat Christus om alles tot zijn Vader ging in het gebed. Elke grote gebeurtenis in zijn leven werd voorafgegaan door gebed. Laat mij een paar voorbeelden aanhalen. Het is nog maar weinige jaren geleden, dat ik opmerkzaam werd dat Christus bij zijn doop bad. Terwijl Hij bad, werden de hemelen geopend en daalde de Heilige Geest op Hem neder. Een andere grote gebeurtenis in zijn leven was zijne verheerlijking. Terwijl Hij bad, werd zijn aangezicht veranderd en werden zijne klederen wit en blinkende. Wederom lezen wij: "En het geschiedde in die dagen, dat Hij uitging naar den berg om te bidden, en Hij bleef den nacht over in het gebed tot God." Luk. 6: 12. Dat is de enige plaats, waar gezegd wordt, dat de Heiland een gehelen nacht in het gebed doorbracht. Wat zou er plaatsgrijpen? Toen Hij van den berg afkwam, hield Hij die grote Bergrede heerlijkste preek, die ooit voor sterfelijke mensen gehouden is. Waarschijnlijk heeft geen preek ooit zoveel goed gedaan; en deze werd voorafgegaan door een nacht van gebed.

Als onze preken den harten en gevoelens der mensen goed zullen doen, moeten wij veel in het gebed verkeren met God, zodat er kracht in het woord zij. In het Evangelie van Johannes lezen wij, dat Jezus bij het graf van Lazarus de ogen ten hemel hief, en zei: Vader, Ik dank U, dat Gij Mij gehoord hebt, en Ik wist dat Gij Mij altijd hoort, maar om der schare wil, die rondom staat, heb Ik dit gezegd, opdat zij zouden geloven, dat Gij Mij gezonden hebt. " Joh. 11: 41 en 42. Let op, dat, voor Hij den dode in het leven terugriep, Hij tot zijn Vader sprak. Als onze geestelijk doden opgewekt zullen worden, moeten wij eerst Goddelijke kracht hebben. De reden, waarom het ons zoo dikwijls mislukt onze medemensen te bewegen, is gebrek aan Goddelijke kracht. Jezus was in gemeenschap met zijn Vader; daarom kon Hij verzekerd zijn, dat zijne gebeden verhoord werden. In Joh. 12 lezen wij wederom, dat Hij tot den Vader bad. Ik vind dit een van de treurigste hoofdstukken uit den Bijbel. Hij was op het punt om de Joodse natie te verlaten en verzoening te doen voor de zonden der wereld. Hoor wat Hij zegt: "Nu is mijne ziel ontroerd; en wat zal Ik zeggen? Vader, verlos Mij uit deze ure! Maar hierom ben Ik in deze ure gekomen." Joh. 12: 27. Hij was bijna onder de schaduw van het kruis; de ongerechtigheden der mensheid zouden op Hem gelegd worden; een zijner discipelen zou Hem verloochenen en zweren, dat hij Hem nooit gekend had; een ander zou Hem voor dertig zilverlingen verkopen; allen zou den Hem verlaten en vluchten.

Zijne ziel was zeer ontroerd, en Hij bad; toen zijne ziel gedrukt was, sprak God tot Hem. En in den hof van Gethsemanée, terwijl Hij bad, verscheen een engel om Hem te ver sterken. In antwoord op zijn roep: Vader, verheerlijk uwen naam! "hoort Hij een stem uit de heerlijkheid komen: En Ik heb Hem verheerlijkt, en Ik zal Hem wederom verheerlijken." Joh. 12: 28. Een ander merkwaardig gebed van den Heer was in den hof van Gethsemane : Hij was omtrent een steenworp van hen verwijderd en knielde neder en bad. Ik wens uwe aandacht te bepalen bij het feit dat viermaal, terwijl de Zaligmaker tot God bad, het antwoord rechtstreeks van den hemel kwam. De eerste keer was bij zijn doop, toen de hemelen geopend werden en de Geest in antwoord op zijn gebed op Hem nederdaalde. Wederom op den berg der verheerlijking verscheen God en sprak tot Hem. Toen de Grieken kwamen, begerende Hem te zien, werd de stem van God gehoord, die zijn geroep beantwoordde. En wederom toen Hij tot den Vader riep te midden van zijne angsten werd een onmiddellijk antwoord gegeven. Deze dingen zijn ongetwijfeld neergeschreven om moedigen ons aan te tot het gebed.

Wij lezen, dat de discipelen tot Hem kwamen, en zeiden: "Heere, leer ons bidden." Er wordt niet gemeld, dat Hij hen leerde prediken. Ik heb dikwijls gezegd, dat ik veel liever zou kunnen bidden zoals Daniël, dan prediken gelijk Gabriël. Als men liefde in zijne ziel heeft, zodat de genade Gods in antwoord op het gebed neerkomt, dan kost het geen moeite de mensen te bewegen. Niet door welsprekende redenen worden mensenzielen gered; wij hebben de kracht Gods nodig, wil de zegen nederdalen. Het gebed, dat de Heer den discipelen leerde, wordt gewoonlijk het gebed des Heeren genoemd. Ik denk, dat het gebed des Heeren is dat, wat we vinden in Joh. 17. Dat is het langste gebed van Jezus, waarvan melding wordt gemaakt. Gij kunt het langzaam en met aandacht in omtrent vier of vijf minuten lezen. Wij kunnen hier een les leren van de gebeden des Meesters. Zij waren kort in het publiek; wanneer Hij alleen was met God, was het anders, dan kon Hij den gehelen nacht in gemeenschap met zijn Vader doorbrengen. Mijne ondervinding is, dat zij, die het meest in hunne binnenkamer bidden, gewoonlijk korte gebeden in het publiek doen. Lange gebeden zijn dikwijls in het geheel geen gebeden, en zij vermoeien de mensen. Hoe kort was het gebed van den tollenaar: o God, wees mij, zondaar, genadig!

Het gebed van den moordenaar aan het kruis was kort: "Heere, gedenk mijner, wanneer Gij in uw koninkrijk zult gekomen zijn." Petrus' gebed was: "Heere, behoud mij, of ik verga!" En zoo zien wij de Schrift door, dat de gebeden, die onmiddellijk verhoord werden, gewoonlijk kort waren. Laat onze gebeden krachtig zijn. In het gebed van onzen Heere in Joh. 17 vinden wij, dat Hij zeven verzoeken deed: één voor zich zelven, vier voor zijne discipelen en twee voor de discipelen in de volgende eeuwen. Zes keer herhaalt Hij in dat gebed, dat God Hem gezonden heeft. De wereld beschouwde Hem als een indringer; en Hij wilde dat men zou weten, dat Hij van den hemel ge zonden was. Hij spreekt negenmaal van de wereld en maakt vijftig keer melding van zijne discipelen en van hen, die in Hem geloven. Christus' laatste gebed aan het kruis was kort: "Vader, vergeef hun, want zij weten niet wat zij doen. Ik geloof, dat dit gebed verhoord is. Wij lezen, dat vlak voor het kruis een Romeins hoofdman over honderd bekeerd werd. Dat was waarschijnlijk in antwoord op des Zaligmakers gebed. De bekering van den moordenaar was, naar ik geloof, in antwoord op dat gebed. Saulus van Tarsen heeft het misschien gehoord, en wie weet, of niet die woorden hem vervolgd hebben al den weg naar Damascus, zodat, toen de Heer op den weg tot hem sprak, hij de stem 106 DE GEBEDEN IN DEN BIJBEL. Herkende, Eén ding weten wij, dat op den Pinksterdag enigen van ' s Heeren vijanden bekeerd werden. Dat was echter in antwoord op het gebed: "Vader, vergeef het hun!" Zoo zien wij, dat het gebed een hoge plaats inneemt in het geestelijk leven. Al Gods kinderen zijn mensen geweest, die baden. Denk slechts aar Baxter, Luther, John Knox, Whitefield, Wesley en zovelen meer, die door hun gebed kracht bij God hadden, en tot onnoemelijke zegen waren.

## XIII.

# DE WAPENRUSTING GODS.

Neemt aan de gehele wapenrusting Gods. Efeze 6:13. Altijd biddende... en wakende. "Voor Het zal een vreselijk gevecht zijn," zei de een Christensoldaat tot den anderen; "zijt gij er gereed?" "Ja, ik was langen tijd in het wapenmagazijn, om te zien welk wapen ik het meest nodig had, en ik koos eindelijk dit scherp, tweesnijdend zwaard. Ik zal er den vijand mede houwen en hakken;" en terwijl hij het heen en weder zwaaide, doorsneden de woorden met alles doordringende kracht de lucht: "Kiest u heden, wie gij dienen zult.", Hoort gij dat? Dat zal kracht doen; "en een andere zwaai deed duidelijk horen: Indien de Heere God is, volg Hem na; indien Baäl het is, volg hem na." "Dat is waarlijk groots; gij zult zeker wat vol brengen; maar mijn natuur is verschillend van de uwe. Ik koos dit schild. Het zal de vurige pijlen des bozen uitblussen, en ik ben zeker van Hem, in wie ik geloofd heb. De vijand van terzijde kan dit schild niet weerstaan." "Dat is waar, maar hij kan u aanvallen."

"Daar ben ik niet bang voor. Geloof alleenlijk, dat is mijn leus." Misschien hebt gij beiden gelijk, zei een ander, die zich bij hen voegde, maar ik heb den helm ge kozen. Ik moet mijn hoofd gedekt hebben, en daar ik niet zal vechten, tenzij ik ertoe genoodzaakt word, hoop ik zonder beletsel de gouden Poort te bereiken, als ik maar gered ben. Het is genoeg voor mij erbinnen te zijn. God zij dank voor de overwinning! , "Maar wij hebben de overwinning nog niet," zei een ander. "Ik heb het zwaard genomen, want ik beschouw het als mijn plicht om te vechten; ik heb ook den helm; ik heb zowel voorbehoedmiddelen als middelen nodig; en gij ziet dat ik de borstplaat ook nodig heb. Met Christus' gerechtigheid zal ik den vijand ontmoeten; met het Woord des Geesten zal ik hem slaan, en met den helm zal ik toegang hebben tot de stad. Ik hoop dat ik zal slagen. ", Hoop! dat is niet schitterend, man, geloof. Gij deed wijs, het schild bij uw wapenrusting te voegen," zei hij, die deze bescherming had gekozen. "Ik denk dat ik genoeg heb; want ik heb gedeeltelijk een schild in de borstplaat. ", Dat is waar. Mijn geloof staat vast, dat wij eindelijk zullen slagen. Maar ach! De stenen, de doornen, hoe ellendig is het alles!

Waarom moeten wij vechten? " De stenen zijn scherp; ik denk dat ik mijne voeten zal beschermen, " zei een ander, terwijl hij naar het wapenmagazijn ging om het schoeisel van de bereidheid van het Evangelie des vredes. „Ik moet zeggen, ik wenste dat het niet nodig was te vechten, " zei de terugkomende. , De komst onzes Heeren was vrede en welbehagen in de mensen. ", Ja, dat is waar, maar wij moeten vechten om de overwinning te verkrijgen. ", Ik onderstel, dat het zoo is, zuchtte hij. Ik ver lang naar rust. "Wat mij betreft, "zei een ander, nik heb mij aangegord met de waarheid. Als er iets is, dat den vader der leugens zeker zal overwinnen, dan is het dit. ", Hij haat dit natuurlijk, maar ik zie niet, hoe gij met een gordel kunt vechten. Gij kunt u zelven beschermen, maar een zwaard zou u helpen om hem waarheden toe te werpen, " zei . De man, die steeds bezig was zich met zijn geliefd wapen te oefenen. „Hé, welk een afgeklede troep! " riep een ander uit. Waarom neemt gij niet alles? Zie, hoe ik gewapend ben! Ik heb den helm, dus zal ik in het einde over winnen. Ik heb de borstplaat, en ik weet dat ik veilig ben door de gerechtigheid van Christus. Ik heb het schild en daardoor zal ik de vurige pijlen afkeren. Ik ben met de waarheid gegord, en met dit zwaard in mijn rechterhand zal ik scherpe slagen toebrengen – hoor dat!

En een zwaai door de lucht bracht voort: Geloof in den Heere Jezus Christus, en gij zult zalig worden, terwijl de terugslag te horen gaf: „Wie niet gelooft, zal verdoemd worden.' De overige keken met bewondering naar hun kameraad, en velen hunner gingen het zwaard bij hun uitrusting voegen, want er was iets zeer aantrekkelijks in de wijze, waarop het de lucht sneed. Ik merkte echter op, dat het een gevaarlijk wapen was in de handen van hen, die het voor de eerste keer beproefden; somtijds kwetsten zij zich zelven onder het zwaaien, en dan weerklonk er een luid gelach in de lucht. De nacht brak aan. De strijd zou den volgenden morgen plaats hebben; allen sliepen, behalve één, dien ik niet met de anderen gezien had. Ik hoorde, dat hij den gehele dag in de wapenkamer had doorgebracht, niet alleen om zijn eigen wapenrusting in gereedheid te brengen en schoon te maken, maar ook om anderen te helpen; hij leerde menig jong soldaat, hoe hij zijn wapens en middelen ter bescherming het best kon gebruiken. Hij zag er wat vermoeid uit, toen hij zich bij de anderen voegde, maar zijn ogen waren helder, en hij hield zich niet op om te rusten, maar trachtte de voorste gelederen te bereiken. Ik hoorde zijn zwaard, terwijl het stootte tegen den helm van een, die op den grond lag uitgestrekt, voortbrengen: Wat is u, gij hard slapende? Kunt gij niet één uur met mij waken?! en terwijl de punt ervan langs een borstwapen 'gleed: Doet handeling, tot ik kom, " en toen was alles stil behalve zijn stem, en deze was den gehele nacht opgeheven in gebed en smekingen, niet alleen voor zich zelven, maar ook voor de slapers.

Het was vreemd, dat hij in den morgen frisser en krachtiger was dan de anderen. De vijand kwam plotseling, en bij snelde alleen ten strijde, terwijl de anderen hunne wapenrusting aandeden, of de buitenste delen afwreven, die door de aanraking met den grond vuil waren geworden. Eindelijk waren zij allen gereed en volgden dezen jongen leidsman, zoals een geheel leger deed, waar van ik, naar ik bemerkte, slechts een compagnie had gezien. Zij vochten den gehele dag, en terwijl de zwaarden sneden en flikkerden, hoorde ik de woorden: Ik weet, in wie ik geloofd heb. " Neemt mijn juk op u. ", Weerstaat den duivel. " „Doende den wil van God van harte!!! Spreek de waarheid, een iegelijk met zijn naaste. „Ik heb het geloof behouden. ", Heere, behoud mij ik verga! " „Verwachtende de zalige hoop." „Zoo Hij mij doodde, zou ik niet hopen? Toen werd het gedruis van het gekletter der wapenen te groot, om woorden te onderscheiden, en het stof verbergen de strijdende zowel als de gouden stad. Ik was nieuwsgierig of de stad ook verborgen was voor hen, die vochten, en ik zag door een scheur hem, die den gehele nacht gewaakt had. Zijn wapenrusting glinsterde heerlijk in het licht der stad, en zijn zwaard vlamde met de woorden: „Die overwint, Ik zal hem geven met Mij te zitten in mijnen troon. "

Toen wist ik, dat niets voor Hem verborgen was. Eindelijk zag ik den vijand den heuvel afvluchten. Het stof verdween, en de stad scheen in haar volle heerlijkheid. Een kreet van overwinning weergalmde door de lucht, en ik haastte mij naar het slagveld, om te zien hoe het gesteld was met hen, die ik gadeslagen had. Allen waren gered! Maar de wonden en het lijden waren vreselijk om te zien. Sommigen waren gebrand en geschroeid, en sleepten zich naar de Rivier van het Water des Levens. Hun zwaarden sloegen tegen hun wapenrustingen onder het gaan, en ik hoorde de woorden: „Als door vuur gered. " De voeten van sommigen waren gekwetst, en zij riepen om hulp. Het waren die, welke niet de voetzolen, gemaakt van de bereidheid des Evangelies des vredes, hadden aangedaan; en als zij wenende riepen: Zullen onze voeten ooit in uwe poorten staan, Jeruzalem! " zag ik blinkende gestalten hunne wonden verbinden, terwijl ik van een zwaard van een, die verder ging, de woorden hoorde: „Hij zal de voeten zijner gunstgenoten bewaren, want een man vermag niets door kracht. Sommigen waren gewond op zulk een wijze, dat het door een handige zwaardslag had voorkomen kunnen worden. Het waren die, welke niet vechten wilden; zij hadden zich met middelen ter bescherming over dekt en op hun schilden vertrouwd, en toch waren hun woorden sabelhouwen. Dezen werden ontvangen, zij wisten niet door wie, of het vrienden of vijanden waren; de samenvoegden en het merg waren verdeeld, en bijna, de ziel en de geest".

Een, die naast hen lag, hief zijn zwaard nog eens op om de kracht van zijn arm te beproeven, en de woorden werden duidelijk gehoord: "Wilt gij weten, o ijdel mens! Dat het geloof zonder de werken dood is? Eén was in de borst gewond. Het was een vreselijk ge zicht; het was een vreemde wond. Hij was zonder borstwapen gegaan, en, niet gewoon zijnde met een zwaard om te gaan, was het wapen in zijn hand gedraaid, en had hem de diepe wonde toegebracht. Dit krachtig zwaard, dat de koning voor zijn leger bereid had, is tweesnijdend en ontvangt zijn kracht van den Geest. Om het goed te gebruiken, moet men niet alleen door den Geest onderwezen zijn, maar er ook in geoefend worden. Er is een dagelijks gebruik, een gedurige oefening voor nodig. Ik zag velen, die erdoor gewond waren, maar dit geval was het ergste, omdat de dappere soldaat groot vertrouwen in zijn eigen kracht had, en een krachtige slag had willen toebrengen. Het zwaard trilde nog in zijne handen en de woorden kwamen tot mij: "Een ijver tot God, maar niet met verstand, alzo zij de rechtvaardigheid Gods niet kennen, en hun eigengerechtigheid zoeken op te richten. " Dienende engelen goten olie in; en het kermen en kreunen werd gesust. Toen dacht ik aan hem, die zoo geheel gekleed en gewapend was geweest, en was verwonderd, hem flauw en uitgeput te zien liggen. Zijn ogen waren gesloten en zijn gelaat was doodsbleek. Ik zag geen wonden, maar een vreselijke afmatting.

Een blinkende gestalte verlegde hem zodat zijn gelaat het warme zonlicht mocht ontvangen van de stad, en dit doende, lichtten zij zijn zwaard op; toen verspreidde zich een flauwe kleur over zijn gelaat, en ik hoorde de woorden: Ziet, hij bidt. " Toen wist ik, dat, hoewel hij, de gehele wapenrusting" aangedaan had, hij verzuimd had „te bidden met alle bidding en smeking ". Een stem klonk door de lucht, en ik hoorde: Al dit lijden was volstrekt niet nodig geweest; er waren wapenen voor elk deel; men behoefde ze maar aan te doen en ze door gebed en gebruik blinkende te houden.11 Toen zag ik hem, die des nachts voor den strijd ge waakt had. Hij was onbeschadigd uit het gevecht gekomen. Vele slagen waren op zijn wapenrusting gevallen, maar deze scheen daardoor nog helderder te blinken, en hij stond als een heerlijk schijnende ster voor de Poort nog gewapend, nog biddende, nog wakende, terwijl hij de komst des Konings verbeidde.

www.ingramcontent.com/pod-product-compliance
Lightning Source LLC
Chambersburg PA
CBHW070151080526
44586CB00015B/1940